KARL VALENTIN
DIE JUGENDSTREICHE DES KNABEN KARL

KARL VALENTIN

Die Jugendstreiche des Knaben Karl

HERAUSGEGEBEN
VON BERTL VALENTIN-BÖHEIM
MIT SIEBZIG ZEICHNUNGEN
VON LUDWIG GREINER

R. PIPER & CO VERLAG
MÜNCHEN

Inhalt

Winterstreiche 7
Knalleffekte 16
Viechereien 26
Der Schrecken der Au 40
Heit werd' g'rafft 54
So ein Zirkus 60
Mutterängste 67
Schulgeschichten 75
Von der Feuerwehr 85
Anrüchiges 93
Lumpereien 102
Herzens Lust 124
Rekorde 140
Hier wird marschiert 145

Nachwort 151

Winterstreiche

»S'Weiberzammbinden« in der Christmette ist ein uralter Auer Brauch und soll schon aus dem sechzehnten Jahrhundert stammen – erzählen heute noch die alten Auer –, eine Mordsgaudi, genauso wie das Geldbeutelwaschen im Fischbrunnen am Marienplatz. Und auch meine Generation hat sich das nicht entgehen lassen. Von Mutters Waschstrick haben wir cirka 10 m weggeschnitten; der wurde in der Hos'n versteckt, und um 11 Uhr nachts trafen wir uns in der Christnacht bei einem Spezi. Um 12 Uhr waren wir pünktlich in da Mett'n. Mit Berechnung – nicht aus Bescheidenheit – drückten wir uns hinten herum bis zum Schluß. Und dann ging's los: Ich nahm das eine Ende des Strickes und drängelte mich vorwärts, wenn nötig mit Ellenbogen. Der Zweck meiner Rundreise war der, möglichst viele alte Weiber einzukreisen. An die Zwanzig waren es mindestens! Das andere Ende des Strickes verblieb meinem Freund, der während meiner Wanderschaft seinen Stammplatz nicht verließ. Mit vorbildlicher Gewissenhaftigkeit hielt er denselben eisern in seiner Hand. Als ich bei ihm ankam – reich an Beute –, knüpften wir meuchlings den Strick zusammen. Das Ende des Gottesdienstes brachte uns den erhofften Erfolg. Die alten Damen kamen nicht mehr voneinander los. Je nach Temperament und Kinderstube fielen die mißmutigen Äußerungen aus. Die Vornehmeren baten um Entschuldigung, da sie die fromme Nachbarin anrempelten.

Die stürmischen Gemüter erhitzten sich zusehends und gaben die Fußtritte und Rippenstöße weiter. Die einen jammerten, die anderen schimpften – zum Teil im Auer Jargon – daß geflucht wurde, will ich nicht hoffen! – Nur einige Kluge entdeckten den Strick. Zu unserem Glück nur den Strick und nicht uns »Galgenstricke«, wie man uns wohl in verflossenen Zeiten oder auf der Bühne genannt hätte. Die Meinung einer Eingeborenen, einer Auerin, war: »Dö Saubazi'n ham uns z'sammg'hängt! Dene g'hörat'n fünfundzwanzig auf den Nackaten!« Und das am Heiligen Abend! »Kyrie eleison!«

Jedes Jahr freuten wir uns auf das Schlittenfahren am Isarberg. – Gleich nach Schulschluß um 4 Uhr nachmittags bis zum Eintritt der Dunkelheit wurde gerodelt. Die bessern Buben hatten Schlitten, und die andern rutschten auf dem Schulranzen herunter. (Zur Nachahmung nicht empfohlen!) – Der Berg war lang und steil. Es gab viele Karambolagen und nicht selten Verunglückte. – Der normale Schlitten reizte mich wenig. Mir fiel etwas Besseres ein: unser Pferdeschlitten! Auf geht's! zu unserm Lagerplatz! Allein hätte ich das nie dakraft, und so holte ich zusammen mit meinen Sportskameraden dieses Monstrum. Mit letzter Kraft wurde der Riesenschlitten heran- und den Berg heraufgezogen. 20 bis 30 Buben hatten darauf Platz. Abfahren war leichter gesagt als getan. Wir brauchten einen Anschubserer! Und immer fanden sich edle Vorübergehende, die uns Hilfe leisteten. Einige kräftige Männer waren nötig, um den vollbesetzten Koloß über die Bergkante in Schwung zu bringen. Einmal kamen wir *schräg* zum Abfahren, und schon überschlug sich das Vehikel einige Male. Es war ein Wunder geschehen, denn es hatte keinen von uns dabazt. Das Experiment wurde destotrotz sofort wiederholt. Diesmal ging die Abfahrt glatt, und in herrlichstem Tempo ging es – ohne Zwischenfälle – leider zu weit. Der Schlitten machte nämlich, unten angekommen, an einem kleinen Hügel einen Hupferer, als ob er von einer Skischanze käme, und wir saßen bis über die Knie im Eiswasser. Aber auch das schreckte uns nicht ab, und immer wieder ging's mit Hallo den pfundigen Isarberg hinunter. Einige Male allerdings waren wir unserem Rodel untreu geworden. Freunde von mir, die Wagner- und

Weinberger-Buben, bekamen nämlich von ihren Verwandten aus Norwegen 3 Paar Skier geschenkt. Wir haben alle diese Latten ausprobiert und sind damit am Isarbergl herumgerutscht. Aber nur einige Tage lang. Unsere Begeisterung ließ ganz schnell nach, und wir kehrten gerne wieder zu unserem Rodelschlitten zurück. – Das war ungefähr im Jahre 1892. Ich kann also ohne Überhebung von mir sagen, daß ich beinahe einer der ersten Skifahrer in München gewesen bin – wenn ich auch statt gewedelt nur gewackelt bin.

Spitzbubengefühle sind etwas Herrliches! Diese überkamen mich am zugefrorenen Kleinhesseloher See. Ein Bub – und der war ich – steht händeringend auf dem Eis, hilflos, seiner Ungeschicklichkeit ausgeliefert! Die Schlittschuhe rutschten ihm immer wieder unter den Füßen weg. Er purzelte wie ein Besoffener. Nun hatte ich erreicht, was ich damit beabsichtigte: Ich bekam viele Zuschauer, Schaubelustigte, ich hatte mein Publikum. Und man bog sich vor Lachen. Und man konnte den Leuten vom Gesicht ablesen, daß sie noch nie so einen linkischen und depperten Buam auf dem Eise erlebten. Aber plötzlich veränderten sich ihre Gesichter: Aus dem Lachen wurde ein Staunen. Manche vergaßen, den Mund wieder zu schließen, anderen verschlug es die Rede. Was war geschehen? Der Bua machte plötzlich kunstvolle Schleifen, drehte sich in eine Acht, sauste mit olympiadischer Geschwindigkeit über den See und war verschwunden. Das war ein Valentinischer Aprilscherz mitten im Winter!

Zum Wintersport gehörte auch das Fahren auf schwimmenden Eisschollen. Mit einer Stange ausgerüstet stießen wir uns selbst vom Ufer los, hinein in die Isar; und so schwammen wir hinunter zur Isarlust. Hier stoppten uns leider die Schleusen. Wir mußten wieder zur Fraunhofer Brücke hinauf, uns neue Platten loslösen, und wieder ging die zünftige Fahrt stromabwärts. »Pfundig« war es allerdings erst, wenn eine Scholle unter unsern Füßen zerbrach, wir bis über die Knie im Wasser standen und uns dann akrobatisch auf eine Nachbarscholle hinaufretteten. Diese aber war leider nicht in der Lage, *zwei* »Lausbuam« zu tragen, und so ging es mit uns beiden »abwärts«. Wir sackten ab – in kameradschaftlicher Verbundenheit. Als wir wieder an Land kamen, stellten wir fest, daß

wir von den Füßen bis zum Bauch patschnaß waren. Und so traten wir unsern Heimweg an. Mit gefrorenen Hosen sagte ich meiner Mutter das Sprücherl auf: »Muatta, schimpf mi net, i kon nix dafür, da Toni hat mi ins ›Gwasch‹ einigstess'n!« Mutter schüttelte nur den Kopf und sorgte für trockene Kleidung.

Noch zünftiger war das sogenannte Schwankeisfahren. Dieser Sport hängt natürlich nur vom Wetter ab und ist daher eine Rarität. Wenn nach starker Kälte plötzlich der Föhn kommt, wird die Eisdecke in zwei bis drei Tagen sehr dünn, und da gibt es dann manchmal – aber nur an ganz tiefen Stellen eines Sees – Schwankeis. Stundenlang mußten nun viele Schlittschuhfahrer eng hintereinander im Gänsemarsch die gleiche Stelle befahren, so lange, bis das Eis bröckelt, weich wird, sich von der großen Platte in kleine Inseln abtrennt und als solche schwimmt. An der »Tiefen Gumpe« unterhalb des Muffatwehrs entstanden oft zerme Schwankeise. An Zuschauern fehlte es da natürlich nie. Wird die Eisdecke wäßrig, ist Vorsicht geboten. Natürlich galt das nur für die andern!

Bei uns ging's jetzt erst auf: »Wer traut sich noch-mal umi fahr'n?« hieß es. »Vale! Laß di koan Drenza hoaß'n! Pack's no amoi, Vale!« Und der Vale packte es. Ich sauste über die cirka fünfzig Meter langen, gefährlichen Stellen. Unter meinen Füßen krachte und knirschte es verdächtig – meine Kameraden folgten meiner Spur. Und gut waren wir alle angekommen. Applaus von der Brücke her und vom andern Ufer. Wir fühlten uns als Hel-den geehrt! Nach kurzer Überlegung meinte der Ade: »Geht's weg'a – i pack's no amoi!«, haut ab – ich hinter ihm drein. Ein Schrei der Buben und der Zuschauer auf der Brücke: »Das Schwankeis ist geplatzt!« Ade verschwand unter der Eisdecke. Ich brach auch ein. Man reichte mir aber noch rechtzeitig lange Bretter, an denen ich mich hoch-ziehen konnte. Ade wurde am andern Tag als Leiche geborgen. – Er holte sich den Tod und ich mir ein schweres Asthma, das ich nie mehr los wurde.

Knalleffekte

Es grenzt schon an ein Wunder, daß ich heute noch lebe. Was ich allein schon mit Pulver angestellt habe, ist fast schon *einmalig* zu nennen. Man konnte sich damals bei jedem Eisenhändler sogenanntes Böllerpulver kaufen, das Paket zu sechzig Pfennig. Damit machten wir uns Feuerwerksfrösche, zündeten sie heimlich an und schoben sie irgendeinem Bekannten in die Tasche. In der Zellnerwirtschaft in der Lilienstraße verkehrte 1895–1900 auch ein gewisser Graf Gubitscheky – ein versoffenes Individuum. Die Gäste hielten ihn stets zum Narren, und das war für uns Jungen ein Freibrief. »Mit dem kenna ma's macha, Vale«, ermunterten mich meine Freunderln. Gesagt – getan. Und schon knallten in seiner Rocktasche die Feuerwerksfrösche, die wir ihm vorsichtig hineingeschwindelt und angezündet hatten. Gubitscheky schrie, als ob er gerade in der Hölle braten müsse, und rannte

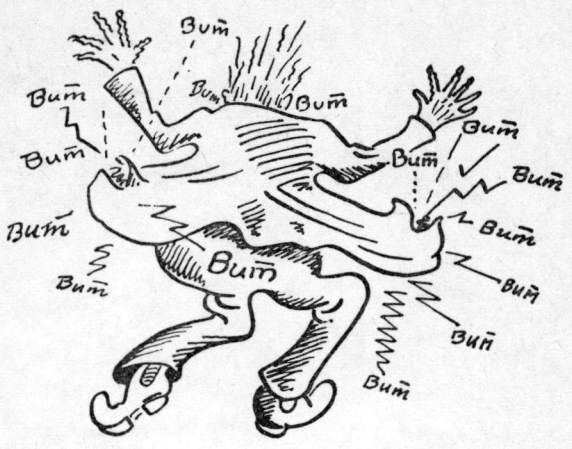

wie ein Verrückter in der Wirtschaft herum. Wo
dieser arme Teufel sich auch blicken ließ, warfen
wir ihm die krachenden Biester unter die Füße,
und wenn er vor Schreck und Entsetzen wie ein
junger Geißbock herumhüpfte, hielten wir uns den
Bauch vor Lachen. Wir bitterbösen Buben!

Eines Tages hatten wir die Installateure in unserm
Anwesen. Wir machten uns aus einem Stück Was-
serleitungsrohr eine regelrechte Bombe, füllten sie
mit Pulver, nagelten sie auf ein Brett, befestigten

einen Zündschwamm daran, den wir ganz dünn,
wie eine Schnur, zugeschnitten hatten. Wir zündeten ihn an und beförderten den ganzen Apparat
unterhalb der Wittelsbacher Brücke in die Isar.
Uns war nicht ganz wohl bei der Sache, und wir
machten uns schleunigst aus dem Staub. Wir er-
warteten mit Herzklopfen den Knall. »Auweh, nix
ist«, meinte der Kolb Heini, ». . . da is höchstens
d'Zündschnur naß word'n.« Ich war der Meinung,

daß die Zündschnur vielleicht z'lang ist und daß die erst weiter drunt'n krach'a werd'. So gingen die Meinungen auseinander. – Auf einmal ... ein Kanonenschuß! Donnerwetter, war das ein Donner! Die ganze Au war *ein* Echo. Was war geschehen? »Da muaß a Dampfkessel explodiert sein«, meinte ein älterer Herr. Andere waren sich darin einig, daß doch in der Au nur im Juni frühmorgens bei der Fronleichnamsprozession gschoss'n wird. Nur sechs Buben wußten Bescheid, und keinem war wohl in seiner Haut. »Uuih!« hab' ich g'sagt, »iatzt derf ma uns abe dünnmacha.« Mit blassen Gesichtern verflüchtigten wir uns heimwärts. Mein letzter Appell lautete: »S'Mäu hoit'n, fei nix pfeifa, wer's g'wen is! Servus!« – Nach ungefähr drei Tagen fanden wir in der Isar – an der Explosionsstelle – die gerissene Bombe. Das dicke Eisenrohr war in der Mitte aufgeschlitzt. Wäre sie in Stücke zerrissen, hätte es vielleicht ein großes Unglück gegeben. Ja, ja ... rühr'n muaß si' was!

Ein interessanter Zeitvertreib war uns das Drachensteigenlassen. Wir haben sie natürlich wieder selbst gebastelt, die Drachen. Sie waren bis zu 2

Meter hoch und bestanden aus Latten und buntem Seidenpapier. Daß ein Drachen nur steigt, war uns zu wenig. Wir kauften uns deshalb beim Feuerwerker Heinrich Burg Knallfrösche und auch ganz große Kanonenschläge, die wir daran befestigten. An den Drachenschwanz kam ein etwa dreißig Zentimeter langer Zündschwamm. Dieser wurde beim Start angezündet, und als der Drachen 50 bis 80 Meter Höhe erreicht hatte, gab es einen fürchterlichen Kanonenschlag. Dabei ging der Drachen meistens entzwei, entdrei, entvier ... Vielleicht waren es auch noch mehrere Teile. Wir Buam haben das auf *einen* Nenner gebracht: »Ui! Den hat's z'riss'n!« – Und schon nahte die grüne Gefahr (die grünen Gendarmen)! – Dieses Manöver führten wir auch am Abend aus: Da wurde es aber romantischer gestaltet, denn da haben wir zusätzlich noch brennende Lampions mit hinauf befördert. Und auch da wurde aus der Komödie eine Tragödie. Ein Knall! Und alles war beim Teifi inclusive Lampion. – Einmal brach es aus mir hervor: »Schön wär's, wenn ma' unsern Schullehrer hinhängen könnten!«

Mein Vater bekam vom Grafen Löwenstein in Traunstein als Dank für einen wohlgelungenen Möbeltransport ein reizendes Geschenk, und zwar einen wertvollen, jungen, schwarzen Seidenpudel. Wir waren in das kleine, lebendige Spielzeug ganz verliebt. Ich auch. Aber nicht lange. Nur zehn Minuten: Ich führte den süßen Vierbeiner in den Hof, band ihm einen sogenannten Feuerwerksfrosch an seinen ulkigen Quasterlschwanz und be-

diente mich eines Streichholzes. »Bum – bum –
bum – bum«, quakte der Pulverfrosch, es war entsetzlich! Das arme Hundevieh war dem Verfol-
gungswahn nahe – legte beide Ohren zurück, raste
zum Hof hinaus und ward nie mehr gesehen. So
geschehen 1890. Bis auf den heutigen Tag wird
der ehrliche Finder gebeten, das Rassetier abzuge-
ben; Belohnung: ein kleines Valentinbüchlein.

»Leitfaden zur Anfertigung von Feuerwerk« – so
betitelte sich das kleine Büchlein, das ich mir eines
Tages käuflich erwarb. Darin stand u. a.: »Größte
Vorsicht beim Zerstoßen des Kornpulvers. Man

verwende dazu einen Metallmörser mit Holzkeule oder einen Holzmörser mit einer Metallkeule – niemals aber Metall zu Metall. Auch darf das Pulverstoßen nur im Freien stattfinden.« So stand es geschrieben. – »Liebes Schutzengelein, ich bedanke mich noch nachträglich bei Dir für Deine treuen Dienste! Ohne Dich und Deine beschützenden Flügel hätte niemand über Karl Valentin gelacht.« Nachdem ich das obenerwähnte »Feuerwerksbüchlein« zu spät in die Hände bekam, tat ich – instinktlos – in allem gerade das Gegenteil: ein Wunder, daß das Zerreiben des Pulvers mit Metallkeule im Metallmörser reibungslos vor sich ging! – Manche

Feuerwerkskörper gingen uns schon während der Fabrikation los – aber es passierte nichts Wesentliches. Mein sehnlichster Wunsch war es, ein Feuerwerk im Hof unseres Anwesens in der Au abzubrennen. Wir trafen dazu auch alle Vorbereitungen. Leider war dies mit soviel unfreiwilligem Lärm verbunden – Raketen krachten allzu früh und viel zu oft – und plötzlich krachten auch unsre Nachbarn: »Ös Saubuam! Werd' denn heut' koa Ruha mehr in dem Garten! Polizei werd' Euch scho kemma, ös Hundsbuam – ös mistigen!« Das prophezeite Verbot traf ein. Es kam zu keinem häuslichen Feuerwerk. Trotz Dunkelheit bei unsern Versuchen erreichten wir nie Farbeffekte. Das einzige, was wir ernteten, waren Funken und Explosionen. Ja ja . . . es ist noch kein Meister vom Himmel gefallen!

Feuerwerksfrösche und Knallerbsen sind wohl bekannter als *Schlüsselbüchsen*. Diese gehörten zum Leute-Erschrecken – also war's etwas für uns Auer-Buam. Wir suchten einen großen Rohrschlüssel und verbanden beide Enden mit einer Schnur. In das Rohr des Schlüssels wurde ein stumpfer Nagel gesteckt. An beiden Seiten des Nagels wurden drei rote Papierkapseln geklebt. Nun wurde der präparierte Nagel in das Rohr gesteckt, und das Geschoß war fertig. Wir steckten uns hinter eine Türe und konnten es kaum erwarten, bis jemand herauskam. In diesem Moment schwang man den geladenen Schlüssel an eine Mauer, und es tat einen Knall wie aus einem Revolver. Ein Schrei! Die Tür fiel ins Schloß. Wir hatten wieder mal ganze Arbeit geleistet!

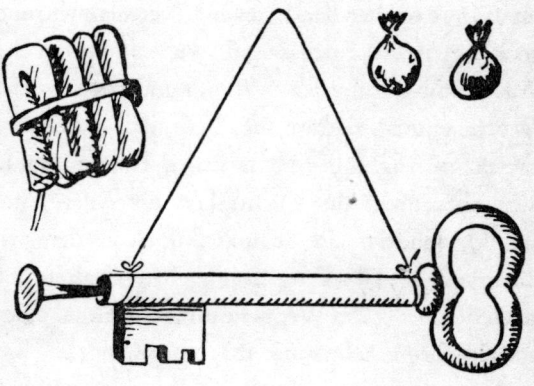

Viechereien

Kommt ein neuer Mensch zur Welt, so kann er das aufgrund reiner Unbeholfenheit nicht allein. Dafür gibt es eine Hebamme. »Holt schnell die Frau Meier« – damit war alles gesagt. Wir hatten anno 1895 reichen Kindersegen zu verzeichnen, und so klingelte es an der Zugglocke – wie sie in der Au häufig anzutreffen war – mindestens in der Woche einmal. Es kam sogar vor, daß die Glocke an einem Tag fünf- bis sechsmal läutete. Daran war aber nicht die Tüchtigkeit der Auer-Väter schuld, sondern ein Schinkenknochen, den wir Buam an den Glockengriff hingehängt hatten und nach dem jeder des Weges kommende Hund einen oder mehrere Schnapper machte. »Klingeling!«

In Neubeuern am Inn steht eine schöne alte Burg, die ich mir ansehen wollte. Ich fragte einen alten Briefträger, ob er wisse, wann die Besichtigung

sei. »Ja...«, meinte er, »... eigentlich nur dienstags
und freitags, aber wenn Sie den eisernen Torriegel
wegschieben, können Sie jederzeit hinein. Das geht
ganz leicht, und die zwei Hunde im Hof tun Ihnen
nichts.« – Ich machte mich also auf den Weg zur
Burg, griff zwischen die Gitterstangen und öffnete
den Riegel. Im selben Moment kamen zwei ge-

waltige, zähnefletschende Hofhunde auf mich zu. »Wie gut, daß mich der liebe Briefträger über die Harmlosigkeit der Hunde aufgeklärt hat«, dachte ich bei mir und ging tapferen Schrittes den Burghof entlang, die guten Hunde knurrend – wie fernes Donnerrollen – hinter mir drein. Ich bewunderte gerade die Prunksäle im zweiten Stock des alten Gemäuers, als plötzlich eine Stimme an mein Ohr drang:»Hallo! Ist hier wer!?«, und schon stand ein vornehmer Lakai hinter mir, ließ mich gar nicht erst zu Worte kommen; er sah mich ganz verstört an und stammelte: ». . . ja, um Himmels willen . . . Wie sind Sie denn da hereingekommen! Ja . . ., unsere Hunde . . .« Ich fiel ihm ins

Wort: »Weiß's schon ... sind ganz harmlos!«
»Harmlos?« brüllte mich der Herr Burgbeamte an,
»... die sind auf den Mann dressiert!« Jetzt erst
kam mir langsam zum Bewußtsein, in welche gefährliche Lage ich mich begeben hatte und wie
man die schärfsten Hunde von sich abhalten kann –
wenn man sie nicht fürchtet. Als ich mich schuld-
bewußt vom Herrn Lakai zurückzog, rief er mir
noch nach: »Das ist ausgeschlossen, daß Sie die
beiden Hunde nicht zerfleischt haben!« Mir lief
es eiskalt den Rücken hinunter – wunderte mich
aber nur, daß ihn meine Gegenwart nicht vom
Gegenteil überzeugte.

Dem Rattenfänger von Hameln sind die Ratten
nachgelaufen – das ist bekannt. Daß dem schwä-
bischen Schreinergehilfen H. Schlegel von der
Möbelschreinerei Hallhuber die Hunde nachgelaufen sind, ist weniger bekannt, aber auch ge-
schichtlich zu belegen ... Der Rattenfänger von
Hameln hatte die lieben Tierchen mit seiner Flöte
angelockt. Der Schreinergehilfe hingegen hatte
nur ein kleines Schächtelchen voll Hundehaare bei
sich, die man unserer Hofhunddame »Lotte« am

verlängerten Rücken abgeschnitten hatte. (Hoffentlich habe ich mich richtig ausgedrückt!) Diese Rarität hat man dem Arglosen in die Rocktasche gesteckt. Als er um 12 Uhr die Werkstatt verließ, kam ihm sofort ein kleiner Vierbeiner entgegen. Daran ist nichts Besonderes; aber es kam ein zweiter und ein dritter und ein vierter – endlich war es der zwanzigste, und alle behüpften ihn: große und kleine, Rassehunde und verpfuschte, zärtliche und stürmische. Das war dem biederen Schwaben denn doch zuviel – bei aller Tierliebe! Er versuchte, sie loszuwerden. Er machte »Gscht!!« und wehrte mit beiden Händen ab. Das störte die Tierchen gar nicht. Er schlug mit dem Fuße um sich – auch das half nichts. Sie gingen ihm nicht von der Naht. Es war ein Bild zum Totlachen – aber nur für die Nichtbetroffenen. Das schwanzelnde Getier begleitete ihn den ganzen Weg von der Weißenburgerstraße 19 bis zum Wörthplatz und hinunter zum Gasthaus Waldherr, wo er sich hineinrettete und aus Verzweiflung ein Essen bestellte. »Gottseidank, die bin ich los«, meinte er. Er trank sei Schöpple aus und verließ das Lokal – vorsichtigerweise erst nach 2 Stunden. An die zwanzig Wauwaus begrüßten ihn, sprangen an ihm hoch, als

wollten sie sagen: »Ja weil Du nur wieder bei uns
bist, Du liab's, guat's Herrli!« Das war dem Ver-
folgten denn doch zuviel! In seiner Heimatsprache
ließ er Laute und Worte los, die kaum ins Hoch-
deutsche zu übersetzen sind. Als er merkte, daß
seine Anhänger in keiner Weise zu verletzen oder
gar abzuschütteln waren, machte er einen letzten
Versuch: »Ihr Sauekel, macht daß'r zom Doifl
kömmt!« Die Hundeantwort war: »Wau-wau!
Wau-wau!«, und mit wedelnden, erhobenen
Schwoaferln geleiteten sie ihn in rührender Treue
zur Werkstätte zurück. – Ich glaube, da wären
dem armen Schreinergehilfen die Ratten noch lieber gewesen.

Ein Freund von mir hatte einen langhaarigen, schneeweißen Zwergpinscher. Dem Aussehen nach war es eher eine Portion Putzbaumwolle – aber es war eben doch ein Hund. Er war der ständige Begleiter des Pianisten Josef Ortner, deren (ich meine den Herrn und den Hund) Stammlokal der »Stubenvoll« war. Hier waren sie – der Herr und der Hund – Mitglieder im »Tritschverein«. Der Herr saß *am* Tisch – der Hund *unterm* Tisch. Das war so Sitte bei den beiden. Wir unterhielten uns gerade – der Herr und ich! –, da kam die Bedienung mit der Nudelsuppe. Erst als die Nudeln an meinen Lippen klebten, merkte ich, daß die Suppe siedete. Ich suchte nach einer Serviette, die leider nicht vorhanden war. In meiner Not griff ich nach dem Hund – und es ging. Das war 1906, und Charlie Chaplin war noch unbekannt.

Mit Speck fängt man Mäuse – das weiß man. Daß man aber mit harten Semmelbrocken Enten fangen kann – das weiß nicht jeder. Auf geht's nach Steinhausen zum Entenweiher. An eine feine, aber feste Schnur banden wir – der Niederreither Kare und ich – die Lockspeise. Gierig wurde jeder Bis-

sen verschlungen, und wenn es soweit war, zogen wir der Ente das Dargereichte wieder aus dem Magen heraus. Auf diese Weise konnte man das Tier heranziehen. Es kam vor, daß die Ant'n einen Brocken vier/fünfmal fraß! Daß Enten schmackhaft sind, wußte ich – daß sie aber so saudumm sind, war mir neu.

Besoffene Menschen können widerlich sein. (Ich betone hier das Wort »können«, um die allzu Durstigen nicht zu verärgern!) *Nicht* widerlich, sondern zum Kranklachen sind Hühner, die man mit Bierbrocken unter Alkohol setzt. Man nimmt eine

Schüssel, legt weiche Brotbrocken hinein, übergießt dieselben mit einem Liter Bier und stellt das Ganze in absehbare Weite. In ungefähr 10–15 Minuten geht's los: Sie torkeln wie betrunkene Zweibeiner – sprich: Menschen – legen sich auf den Rücken, gackern dazu anders als gewöhnlich – wie die Menschen! – und was das Lustigste ist, sie schlag'ln. Wenn es sich hier nicht um so biedere Tiere handeln würde, könnte man sagen: Ein Anblick für Götter!

Zum Fledermäusefangen braucht man keinen Speck, keinen Alkohol und auch keinen Wurm, sondern ein Taschentuch, in das man einen Stein einwickelt. An Sommerabenden nach Sonnenuntergang begann bei uns die Fledermausjagd. Einer von uns »Jägern« mußte sie heranlocken. Er nahm dazu zwei große Steine und klapperte mit diesen. Auf dieses Geräusch kamen sie herangeschwirrt. Ein anderer von uns Buben nahm das Taschentuch mit dem eingewickelten Stein und warf dieses – etwa ein Stockwerk hoch – in die Luft. Die Fledermaus stürzte sich darauf, hielt es mit den Krallen oder mit den Zähnen fest und wurde somit von der Schwere des Steines auf den Boden heruntergezogen. Sofort bedeckten wir das eigenartige Tier mit einem Hut: Es war in der Falle. Nun hieß es geschickt sein. Vorsichtig griffen wir unter die Hutkrempe, packten die Maus und beförderten sie in einen bereitstehenden Käfig. Wir hatten es geschafft! – Meistens ließen wir die gefangenen Tiere später wieder fliegen. Ein besonders schönes Exemplar verehrten wir auch dem Herrn Schullehrer, um uns einzuschmeicheln.

Abschließend ein kleines Fragespiel: »Worin unterscheidet sich Johann Strauß vom jugendlichen Valentin?« Antwort: Strauß hat sie komponiert – Valentin hat sie nur gefangen. Das mußte einmal gesagt werden!

In Spanien gibt es den Stierkampf – in Deutschland bzw. in der Au gab es den Kreuzspinnenkampf. Gebrauchsanweisung: Man nehme eine große, dicke Spinne aus ihrem eigenen Netz und setze sie in ein fremdes hinein. Blitzschnell stürzt die Eigentümerin dieser Behausung auf den Eindringling los, und es spielt sich ein Kampf um Leben und Tod ab. Die größere Spinne geht natürlich als Siegerin hervor; die besiegte muß sterben. Der kleine Leichnam wird von der Siegerin eingesponnen und bleibt im Netz hängen. Dieser Miniaturkampf ist bestimmt hart – aber begreiflich. Aber der Stierkampf ... ist der nötig? (Grausam war auch beim Spinnenkampf nicht das Tier, sondern der Mensch – in diesem Falle wir Kinder.)

Nicht sehr appetitlich war folgender Scherz: Wir fingen eine Handvoll Fliegen, oft bis zu 10 Stück und noch mehr – je nach Geschick –, und warfen sie mit einer schnellen Bewegung in den offenen Mund. Wir ließen sie darin herumkrabbeln, und wer das Gekitzel nicht mehr aushalten konnte, spuckte sie mit aller Wucht an die Wand. Dann wurden sie gezählt. Wer die meisten hatte – war Sieger. Pfui Teifi!! – Mahlzeit!

Das Titelbild einer Münchner Volkszeitung zog mich in seinen Bann. Es zeigte ein Schafott mit schiefem Beil und den Scharfrichter mit Zylinder. An jedem Zeitungskiosk drängten sich Neugierige – wir Kinder natürlich auch. »Schauerlich...«, so begann der Artikel, »... lag am 5. November 1892 der trübe Morgennebel über der Fronfeste am Unteranger. Um $\frac{1}{2}$7 Uhr früh läutete das Armesünderglöcklein, und der Raubmörder N. Schindler mußte seine grausige Tat auf dem Schafott sühnen.« Meine kindliche Phantasie war angekurbelt. Ich baute mir sofort eine kleine Guillotine – Talent zum Basteln hatte ich. Meine Köpfmaschine war ein kleines Ebenbild; genauso konstruiert, wie ich sie auf dem Titelbild gesehen hatte. Zuerst köpften wir Wachspuppen. Das machte aber keinen Spaß: Oskar und ich fanden das letschert. – Auf dem Hundsmarkt im Hofe des Gasthauses »Oberottl« bekam man außer Hunden auch Meerschweinchen, Hasen und weiße Mäuse zu kaufen; das Stück für 10 Pfennige. Sofort kauften wir uns zehn Stück. Nun hatten wir, was uns vorschwebte. Bei mir zu Hause, in unserm Sommerhaus, hatten wir tags zuvor aus Pappendeckel die ganze Fronfeste aufgebaut; in der Mitte stand die Guillotine. Ich übernahm die Starrolle – wie konnte es auch anders sein! – ich kreierte den Scharfrichter Reichert. Vaters Hochzeitszylinder gab mir das würdige Aussehen. Mein Spezi Oskar spielte den Gehilfen. Und nun begann die feierliche Handlung: Kerzen wurden angezündet, das Urteil verlesen, der Stab gebrochen, das Mäuseköpflein in die Öffnung geschoben, das Beil heruntergelassen – und es floß Blut. Zehn unschuldige kleine Tiere mußten ihr Leben lassen. Meine Eltern fanden die Guillotine scheußlich – sie haben aber nicht erfahren, was wir damit angestellt hatten. Leider! Diese Prügel würde ich ihnen heute noch danken.

Der Schrecken der Au

»Da Fey-Bua kimmt!« schrien die Kinder – besonders die Mäderln – und flüchteten panikartig in irgendeinen Schlupfwinkel. Mädchen mit langen Zöpfen waren leicht zu fassen. Hatte ich eine am Schopf, so zog ich ihr die Peitsche über die »Wadln«. Ein Schrei oder mehrere, und unter Tränen klagten sie den Müttern ihr Leid: »Muatta! Da Fey-Bua hat mi wieder g'haut!« Mama kam wutschnaubend zu Hilfe, aber so lange wollte ich nicht warten – ich ward nicht mehr gesehen.

Eine Steinschleuder bestand aus einem langen Stock, der am Ende gespalten wurde. In diesen Spalt wurde ein kirschgroßer Stein hineingezwängt. Man faßte den Stock am anderen Ende. Nun wurde er in Wurfrichtung geschwungen, so daß der Stein sich löste und 50 bis 100 Meter durch

die Luft sauste. Wie bei den alten Germanen! Treff-
sicherer allerdings war die Schleudergabel – wir
nannten sie kurz Schleuderer. Sie bestand aus einer
Haselnuß- oder Weidengerte, die sich vorne ga-
belte. Daran wurden zwei doppelte Gummi-
schläuche gebunden, 15 cm lang – ausgezogen 30
bis 40 cm – und durch ein Lederstück mit Spagat
verbunden, in das der Stein hineinkam. Die Schuß-
wirkung war enorm. Aus 20 Meter Entfernung
könnte man einem Menschen damit den Schädel
zertrümmern. Das Heimtückische an dieser Waffe

41

ist seine Lautlosigkeit. Sie kracht nicht. Man hört höchstens das Pfeifen des Steines, kann aber nicht feststellen, woher er kommt. Innerhalb von 10 Minuten könnte man aus 200 Meter Entfernung sämtliche Fenster eines vierstöckigen Hauses einwerfen, ohne daß jemand erfährt, wer es gemacht hat. Bitte nicht nachmachen! – Wir stopften uns die Hosen voll Munition (voll Steine), kletterten auf Bäume und haben von dort aus in der damals unbewohnten Schweren-Reiter-Kaserne fast alle Fenster eingeworfen. Wie harmlos von uns: Sie war ja *unbewohnt!*

Ein gefährliches Kinderspiel war »das Messerln«. Mit einem feststehenden Messer wurden allerlei Wurffiguren gemacht. Soweit ich mich noch erinnere, hieß es: »Meter – Ober – eins zwei drei – fäusteln – schwaibeln – fingerln – eins zwei drei vier fünf – naseln – köpfelts – achseuts – hupfata Has – Italiener – aus.« Öfter flog das Messer in Knie oder Waden eines Mitspielers. Dieser lief dann schreiend und blutend nach Hause – die andern hinter ihm drein. Jeder rief dem Unglücksraben zu: »I war's fei net!« – Also war es keiner – das

ist logisch. – Dasselbe gewagte Spiel, mit Holz-
und Eisenstäben ausgeführt, hießen wir »Pickeln«.
Es gibt kindlicherere Spiele!

»Hütet Euch vor den Gezeichneten!« In der Au
hätte dieser Ausspruch lauten müssen: »Hütet Euch
vor dem Fey-Bazi, der Euch für ewig zeichnen
will.« Es waren ungefähr 30 Buben, die ich *zeichnete*. Ein Möbelpacker hat es mir beigebracht. Der
war Matrose. Das sachgemäße Tätowieren wird
mit drei zusammengefügten Silbernadeln und mit
giftfreier Tusche ausgeführt. – Ich machte dasselbe mit drei gewöhnlichen Nähnadeln, die ich

mit Blumendraht zusammenband und in eine Holzhülle steckte. Als Farbe verwendete ich gewöhnliche Tusche, das Glas für 10 Pfennig. Ich zeichnete vorher mit Tintenblei – man höre: mit Tintenblei! – Anker, Totenköpfe, Athletenkugeln oder Ochsenköpfe auf die Haut des inneren Oberarmes oder auf den Handrücken. Zwei Mann waren nötig, um die Prozedur auszuführen. Einer spannte mit seinen zwei Händen die Haut, und ein anderer – der war ich – riß mit der Tätowiernadel, genau nach Vorzeichnung, die Haut des Opfers an der gewünschten Stelle auf; drei spitze Nadeln ließen die Tusche in die aufgerissene Haut rinnen. Eine Wunde reihte sich an die andere und immer

von links nach rechts. Nach jedem dritten Stich wurde mit einem Bubensacktüchl das Blut abgewischt, damit man die Zeichnung sehen konnte. Schon während der Operation schwollen Arme und Hände bedenklich an. »Vale! Jetzt derfst aufhör'n – dös tuat ja net schierle weh – mir gangst ...!« Nicht alle hielten durch; wir hatten auch Halbfertige. Ich selbst habe mir zwei gekreuzte Schwerter in den Arm gestochen. Eine Stunde darauf hatte ich einen beachtlichen Schüttelfrost mit Wundfieber. Wenn schon! – Keiner von den tätowierten Buben bekam Blutvergiftung; so unwahrscheinlich das ist: Aber dem war so. – Nach zehn Jahren ließ ich mir die »Schwerter« mit Milch wieder ausstechen – mein Geschmack hatte eine andere Richtung eingeschlagen. Ich muß offen zugeben, daß das Herausstechen viel schmerzhafter war als das Hineinstechen. Oder sollte ich empfindlicher geworden sein? – Ich besitze ein Foto, das zeigt Herrn Emil Brunner, 48 Jahre alt. Er trägt meinen Denkzettel nun schon 38 Jahre mit sich herum. Und deshalb schreibe ich ihm auch nicht ins Album.

Außerhalb von Haidhausen, bei den zwei Gaszirkussen, stand an den Bahnen – so um 1890 – die Feuerstutzenschießstätte. Alle Samstage wurde dort auf Scheiben geschossen. Die Schützen waren unsre Väter. Das Blei blieb in dem zum Schutz dahinter aufgeworfenen Erdwall stecken. Tags darauf hatte der Zieher, der nebenbei Vereinsdiener war, das Vergnügen, das verschossene Blei auszugraben. Das verkaufte der Emsige und hatte somit einen kleinen Nebenverdienst. Kaum hatten wir Buben von dem Bleibergwerk gehört, sagten wir uns: »Was der Meier kann, könna mir aa.« Und eiligen Schrittes ging's zum Bleibergwerk nach Steinhausen. Mit alten Tafelmessern entlockten wir der Erde das blaue Blei. Unsre Taschen waren übervoll. Das schwere Erz veränderte unsre jugendliche Körperhaltung. Jeder von uns Buben schleppte mindestens 20 bis 40 Pfund Blei, und das zu Fuß von Steinhausen bis München-Au. Dahaut kamen wir zu Hause an. Ein unvergeßliches Gefühl bleibt mir der Zeitpunkt, als ich mich des Bleies entledigte. Ich hatte direkt Angst, in die Luft zu fliegen, so leicht war mir nicht ums Herz, sondern um mein G'stell. – Das Blei wurde von uns geschmolzen und verkauft. Das Geld ver-

46

nascht. – Der Diebstahl – und ein solcher war es ohne Zweifel – kam eines Tages ans Licht. Nur, da es sich um die Kinder der Schützen handelte, drückte *man* die Augen zu und sah von einer Anzeige ab. Oh! Diese Schützenkinder!

Eine *dramische* Komödie war das »Blinde-Schimmel-Reiten«; aufgeführt auf der Wäscherwies'n vor unserm Anwesen. Man brauchte dazu einen Dummen, der das Spiel noch nicht kannte. Die Rollenverteilung sieht so aus: Ein Bub macht das Pferd, ein andrer den Reiter. Diesem werden die Augen verbunden, dann bekommt er einen Stekken in die Hand, der mit Dreck beschmiert wird.

Welche Substanz »dem Dreck« zugrunde liegt, obliegt der Phantasie der jeweiligen Spieler. Wir hatten da etwas ganz Bestimmtes! – Ein Bub aus besserer Familie – noch dazu ein Realschüler – fragte einmal an, ob er bei uns mitspielen dürfe. Da stach mich bereits der Haber! Ich gab meinen Kumpanen einen Wink und flüsterte ihnen unter Augenzwinkern zu, was nun zu geschehen habe. Und sie haben's kapiert. »Du!...«, sagten sie zu unserm Gast, »... mir tun jetzt ›Blinde-Schimmel-Reiten‹ – da laß ma an Fey Vale an Reiter machen. Wenn der dann d'Aug'n verbunden hat, dann kriagt er an Stecka in d'Hand..., schaug, was ma da hi'g'schmiert ham!« »Ui!« meinte der edle Jüngling und grinste etwas verlegen in sich hinein. Wahrscheinlich war es auch Schadenfreude, die ihn überkam. »Und Du muaßt s'Pferdl macha, auf dem da Vale drauf reit'n muaß, hast mi?« Der Feine war sofort bereit. Er bückte sich, ich schwang mich auf seinen Rücken, und dann wurden mir, mit einem Taschentuch, die Augen verbunden. Man sprach mich an: »Reiter! Hier hast Du Deinen Reiterstab!« und gab mir den Stecken in die Hand. Mir lief »da Baz, d.h. d'Lett'n« zwischen den Fingern durch. Das war ja die Pointe dieses

48

feinsinnigen Spieles. Nur in diesem speziellen Falle nicht. Da kam die Pointe *nach* der Pointe: Ich schmierte nämlich den stinkigen Brei dem »Riesenroß« ins G'sicht.

Einmal war ich bestimmt der reichste Bua in der Klasse. Ich hatte nämlich ein 20-Mark-Goldstückl in der Hosentasche. Eigentlich gehörte das Geld meiner Mutter. Ich wollt's ja auch nicht behalten. Ich gab's ja beim Konditor wieder her! Und zwar nach der Schule, zusammen mit 20 Kameraden, denen mein Reichtum mächtig imponierte. Wir bestürmten den süßen Laden, Ecke Fraunhofer- und Klenzestraße. Ich als Mäzen voraus. Frau Imhof, die Konditorsfrau, traute ihren Ohren nicht, als ich sagte: »Für zwanzig Mark an Schaumkuacha für uns alle, bitte!« Inzwischen saßen wir alle auf den weißlackierten Rokokostühlen, und das Wasser lief uns im Munde zusammen, als man uns eine Prachttorte mit Schlagsahne servierte. Wir fraßen um die Wette – »aßen« kann man hier nicht mehr gut sagen. Dabei hatten wir eine solche Gaudi, daß einige unter uns zum Wiederkäuer wurden. Mancher Kuchenbissen landete auf der eigenen oder auf der Hos'n des Nachbarn. Und aus lachendem Munde bekam der gegenüber Sitzende den Schlagrahm ins Gesicht gespritzt. Wir benahmen uns sozusagen *daneben*. Zu meiner größten Überraschung bekam ich noch 17 Mark zurück. Jetzt war ich wieder ein feiner Maxi. Diese verteilte ich: »Noblesse oblige!«

1894 hatten wir in München furchterregendes Hochwasser. Irgendwo im Isartal hatte es einen kleinen Kramerstand mitgerissen. Bei der Fraunhoferbrücke in einer kleinen Bucht des Isararmes schwemmte es Nüsse an, und zwar so weit, daß

wir Buben sie mit den Händen greifen konnten. Das war etwas für uns! Als mich ein ganz Gieriger auf die Seite drängen wollte, bekam er von mir einen Renner, daß er kopfüber in die Fluten stürzte. Das wollte ich nicht. Ich konnte ihn aber noch am Ärmel fassen und an Land ziehen. Da war ich zugleich Täter und Lebensretter. Was war ich für ein gutes Kind!

Ein lustiger Brauch war das »Ostereierspecken«. Das Eierspeckstadion war am Mariahilfplatz. Statt zur Kirche, ging's am Ostermontag zum Oaspecka. – Jeder brachte seine 3–6 Oar von zu Hause mit oder kaufte von Frau Heustätter das Stück für 3 Pfennige. Sie hatte den Siebziger bereits auf dem Buckel und statt 32 Zähnen nur noch 2 Vorderzähne. (War also auch für heutige Begriffe kein »steiler Zahn«.) Mit ihren zwei Berufszähnen prüfte sie die Eier auf die Härte der Schale, denn darauf kam es ja beim Eispecken an. Sie war darin Spezialistin, und ihre zwei Zähne waren am Ostermontag ihr Kapital, denn nur Eier mit harter Schale brachten Gewinn, für d'Heustätterin und für uns. Das Spiel verlief so: Je-

der – von zwei Buben – nahm das Ei so in die
Hand, daß es mit der Spitze nur ein ganz klein
wenig herausschauen konnte. Wie Kampfhähne –
aber mit mehr Gefühl – wurden die Eier aufein-
ander losgelassen. Sieger war derjenige, dessen Ei
unversehrt blieb, und er kassierte das seines Part-
ners. So konnte es geschehen, daß ein Bub mit
einem harten Ei – wie gesagt: mit Härte ist hier nie
das Innere gemeint, sondern lediglich die Schale! –
5 bis 10 oder gar noch mehr Eier gewann. Mei
Freind Ludwig Niederreither und ich vollbrach-
ten eine ruchlose Tat. Wir kauften uns je ein
Bullei. So nennt man die weißen Gipseier, die man

den Hühnern als Muster in den Stall legt. Eigentlich lächerlich, als ob die kleinen Tierlein Eier in Kürbisform fabrizieren würden! Aber lassen wir das. – Mit diesem Ei blieben wir unumschränkte Sieger. Plötzlich wurden Stimmen laut: »Dö zwoa Bazi hab'n Gipsoar!« Verteidigung wäre hier fehl am Platze gewesen. Hier gab's nur eines: »saus'n!« Leider taten – was vorauszusehen war – die andern dasselbe. Man hielt unsre Köpfe wohl für Gips-Köpfe, denn man bearbeitete sie gleichfalls. – Nur nicht mit Eiern, sondern mit Fäusten.

Man wird doch noch einen Telefondraht ziehen dürfen! Dagegen hatte auch der Friseur H. Maisch nichts. Nur daß ich dabei eines seiner Fenster beschädigte, paßte ihm nicht. Sein kraftstrotzender Sohn, der mir auch an Größe überlegen war, verpaßte mir darob eine schallende Ohrfeige. Als Antwort zielte ich mit einem bildsaubern Ziegelstein auf sein Haupt. Mein Geschütz traf aber, zu seinem und auch zu meinem Glück, nur die Achsel. Sonst hätte er vielleicht das Zeitliche gesegnet. Dabei wollte ich nur einen Telefondraht ziehen!

Heit werd' g'rafft

»Auf in den Kampf« ist ein geflügelter Kriegsruf.
Bei uns Auer-Buam hieß es: »Heit werd' g'rafft.«
»So leben wir, so leben wir, so leb'n wir alle Tage«
hätte bei uns heißen müssen: »So raufen wir, so
raufen wir, so rauf'ma alle Tage.« Und das ist
nicht übertrieben, wenn ich die kleineren Plänke-
leien den »Schlachten« zuordnen darf. Kinder-
kriege sind ja wohl international. Was sich aber
zwischen den Auern und den Haidhausern – zwischen den Sendlinger- und den Schwanthalerhö-
herbuam und auch zwischen uns Auern und Was-
serstraßlern abspielte, konnte man kaum mehr als
kindlich bezeichnen. Und die Heere waren nicht
klein: Es mochten nicht viel an 200 auf beiden Seiten gefehlt haben. Wir kämpften mit sogenannten
Latten, an denen an der »Schlag«-Seite ein großer
Nagel herausragte. Ein anderes Wurfgeschoß war
die ach so beliebte »Steinschleuder« mit ihren tau-

beneigroßen Steinen. Allmählich mischten sich auch noch die 16–18jährigen ein, und es fielen dabei sogar Revolverschüsse; ob scharf geschossen wurde oder ob nur mit Platzpatronen, konnte nicht ermittelt werden. Das ging zu weit! Das Auge des Gesetzes wachte über uns. Die Kriege wurden verboten. Leider nur die der »Münchner Burschenschaft«!

Kleinere Raufereien blieben von dem Verbot ausgeschlossen! Uns Buam wäre es ja langweilig geworden! – Einmal balgte ich mich mit einem gewissen Pfaller Gustl eine gute Viertelstunde. Ausgesehen habe ich nach dieser Rauferei, als ob ich vier Tage verprügelt worden wäre. Ich war der Besiegte, und ein schwerer Faustschlag aufs Auge brachte mir noch ärztliche Behandlung ein. Was hätte ich damals darum gegeben, wenn die Polizei eingegriffen hätte!

Unter meinen Auer Spezis hatte ich – von Zeit zu Zeit – meine Feinde. Für Vater oder Mutter eine Besorgung zu machen war mit Gefahr verbunden. Nur auf Umwegen kam ich oft an meinen Bestimmungsort. Wie gesagt: Allein zu gehen war für mich ein Wagnis, dessen ich mich ungern aussetzte. Wenn es brenzlich wurde, schloß ich mich einem Erwachsenen an: »Sie, bittschön, derf i mit Eahna geh'n, weil mi so freche Buam schlag'n möcht'n«, bat ich diese mit dem unschuldigsten Augenaufschlag. Und ich durfte. – Zu Hause tadellos angekommen, schwor ich meinen Feinden Rache bis zur nächsten Schlacht, die nie ausblieb.

Pfundig war »s'Bockstess'n« – aber nicht ungefährlich. Diese Gaudi konnte nur – rücksichtsvoller Weise – auf einer Wiese ausgeführt werden. Man brauchte dazu drei Mann, d. h. drei Beteiligte: Männer waren wir wirklich nicht! – Das Spiel ging so vor sich: Einer, der es nicht kannte, nahm Aufstellung *vor* einem zweiten, der auf Knie und Ellenbogen gestützt zum Bock erniedrigt wurde. Der dritte gab dem Ahnungslosen einen Stoß vor die Brust, so daß das Depperl über den Bock rücklichs im Gras landete. Mancher hätte sich dabei das Genick brechen können! –

Noch viel aufregender wurde es, als sich zwanzig oder dreißig Buben auf der Wiese herumtrieben, denn da war keiner mehr seines Stehens sicher: Jeder wurde von jedem reingelegt – einer purzelte über den andern – unvorbereitet, und das war eben das Gefährliche. Die Schulbehörde griff ein, als wir Hundsbuam sogar alte Frauen über den Bock gleiten ließen. Außerdem war es rücksichtslos, auf diese brutale Weise ihren geliebten Ratsch zu coupieren. Und sie wußten doch soviel!

Im Wirtsgarten beim Radlwirt in der Au wimmelte es von Auer-Früchterln im Alter von 16 bis 18 Jahren. Ich fehlte auch nicht. Wir waren in Gala: Ich trug eine taubengraue Hose mit breiten schwarzen Streifen – zeame spitzige Lackschleich – Eckerlkragen – blauseidene Plastina-Krawatte – kurze braune Smokingjacke und schmalkrempigen Gigerl-Stroh-Stops. Kurz gesagt: ein Auer. An meinem Tisch saß der Kolb Heini, der Finkenzeller Schorsche, da Dürr Toni und da Reiter Ade. Stoff zur Unterhaltung ging uns nie aus – wir waren sehr vielseitig, und die Zeit war uns immer zu kurz. Wir kannten keine Langeweile – auch ohne Fußball und ohne Motorrad. Nur – wenn's am zünftigsten wurde, ging's meistens auf. So auch an einem schönen Sonntag. Ein junger Pflastererlehrbub im Sonntagsstaat saß am Nebentisch. Er rief die Bedienung herbei: »Jungfrau! Jonglier an Liter flüssig's Malz her zu mir!« Das Wort »Jungfrau« aus dem Munde dieses Knirpses stieg mir in die Nase: »Da muaßt scho no drei Jahr in d'Schui gehn, bist'd woaßt, was a Jungfrau is!« so koppte ich zu ihm hinüber. Fragende Blicke trafen mich. – »Ja, ja«, sagte ich, »i moan scho Di, junger Spritzer!« Da erhob er sich langsam, ging aber nicht auf mich zu, was mich wunderte. Plötzlich stand er grinsend neben mir, aber nicht mehr allein; er holte sich seinen großen Bruder, ein 20jähriges Mannsbild. – Ich vernahm nur noch Sätze: »Welcher war's denn?« »Der mit'm Strohhuat!« Und schon hatte ich eine Riesenohrfeige im G'sicht, die mich vom Tisch hinunterwischte. Als ich zu mir kam und aus meinem unfreiwilligen Versteck herauskroch, sah ich nur mehr fliehende Freunde. Der Tisch war leer. Geschlagen verließ auch ich den Saal. Aber das war noch nicht alles. Der Kleine – er selber beschlich mich am Nachhause-weg und versetzte mir noch mit einem sogenann-ten Donnerwetterstock einen heftigen Schlag auf den Hinterkopf. Aber mir Auer san zach. Ein be-kanntes Lied betitelt sich: »Es war ein Sonntag hell und klar – ein selten schöner Tag im Jahr«. . . So schön war der Sonntag für mich auch wieder nicht!

So ein Zirkus

Der alte Zirkus »Bavaria« auf der Theresienwiese hatte es uns angetan. – Beginn der Nachmittagsvorstellung war um 4 Uhr. Um 3 Uhr bretschten wir Auer Buam bereits hinaus – zu Fuß. Jeder hatte sein Zwanzgerl in der Tasche. »Hereinspaziert . . .!« Ja ja, das ist leichter gesagt als getan. In Kniebeuge spaziert sich's nicht gar so gut – noch dazu verdeckter Weise. Und um ein Kinderbillet für 20 Pfennig zu bekommen, hieß es »klein sein«, und wir waren schon »halberte Lackl'n« von zehn und zwölf Jahren. Daher die Kniebeuge. An der Kasse klappte das meistens. Schwierig wurde es erst beim Billetabreißer am Zirkuseingang. Da war's vorbei mit dem Verkleinerungsmanöver, und wir waren lediglich darauf angewiesen, ob der Herr Abreißer guter oder schlechter Laune war. War letzteres der Fall, so schrie er uns an, mit dem gestrengen Finger zur Kasse zeigend: »Schaug'ts daß n'auskemmts, ös Saubuam! Gleich geht's an d'Kassa und holt's enk a anders Billet. Druckt's enk!« – Wir dachten nicht daran; wir hatten ja nur unsre armseligen Zwanzgerln dabei. »Bittschön, Herr Zirkusmann, lassen's uns halt 'nei – mir ham ja net mehra Geld dabei – mir san ja arme Kinda, da Vata is' krank und ko' net arbeit'n, drum hat d'Muatta koa Geld – und drum hab'n ma' bloß zwanzig Pfennig kriagt . . .« Dabei blickten wir zu ihm auf mit einem G'schau letzter Verzweiflung. Manchmal trafen wir die Tonart, die an sein gutes Herz appellierte, und eine knappe Kopfbewegung des Tyrannen besagte: »Aus-

nahmsweise!« Unsre Kinderaugen strahlten, und mit einem kurzen »Dankschön« entzogen wir uns seinen Blicken. Wir hatten's geschafft. Wir erlebten aber auch das Gegenteil, und das war hart. »Nur weil der Sauhund net mög'n hat . . .«, so masselten wir in uns hinein. Dafür klappte es das nächste Mal wieder. Am meisten gefielen uns ja die Hans Kasperln, die Kugelläufer, die Jongleure und Akrobaten. Vor Lachen und Staunen brachten wir den Mund nicht mehr zu. Und schon am andern Tag – gleich nach der Schule – waren wir die Akteure: Da vergaßen wir die Schulaufgaben; wir mußten ja Zirkus spielen. Und das möglichst naturgetreu. Nur eines unterließen wir toleranterweise: Wir fragten nicht nach dem Alter der Zuschauer. Es mußte keiner vor uns – in die Knie gehen.

1895 waren Fallschirmspringer noch nicht so in Mode – wir Buben wußten jedenfalls noch nichts davon. Wir sprangen vom ersten Stock unseres Rückgebäudes in den Hof hinunter. Als Unterlage diente uns eine alte Matratze. Trotzdem gab es mancherlei Verletzungen. Beinahe hätte ich mir einmal die Zungenspitze abgebissen, da ich

mit den Knien ans Kinn schlug. Als wir beim Absprung einen aufgespannten Regenschirm in der Hand hielten, war das Risiko schon geringer. Eine mutige Tat blieb es trotzdem! – Einige Jahre später hörten wir vom Fallschirmabspringer Lattemann. Er sprang zugunsten der Pensionskasse des Gärtnertheaters im Maximilianskeller in Bogenhausen (hier steht heute das Prinzregententheater!) aus einem Luftballon mit einem Fallschirm aus 500 Meter Höhe. – Wir sprangen fünf – er fünfhundert Meter. Darin war er uns zweifelsohne überlegen. Aber wir sprangen dafür *früher* als er. Und das nur mit einem ganz *gewöhnlichen* Schirm. Da braucht »der« sich gar nicht soviel einzubilden »z'weng dö paar Meta – dö er merra hat!« Das ist, war – und bleibt – meine Meinung.

Beim Karussellfahren reizte uns am meisten »das Ringziehen«. Knapp neben dem Karussell war eine Vorrichtung aufgebaut mit einer Blechhülse, in der sechs Ringe steckten – fünf eiserne und ein goldener – aus Messing. Gelang es, im Vorbeifahren *diesen* zu fassen, so hatte man den Vorzug, eine Freifahrt zu bekommen. Diesen Apparat bediente der Ringbua, der vom Besitzer dafür bezahlt wurde. Wie gern wäre ich der Busenfreund des Ringbuam gewesen! Er hielt nämlich »den Goldenen« so lange zurück, bis derjenige vorbeifuhr, der ihm schmeckte. Und das bekannte Wort »Schiebung« konnte ich mir nie verkneifen.

Mein erstes öffentliches Auftreten war 1885 im Chinesischen Turm. – Mein zweites Gastspiel gab ich im Gasthaus zur Lilien-Brauerei in der Au, wo mein Vater seinen Stammtisch hatte. Hier verkehrten die sogenannten Dreiquartlprivatiers. Am Faschingsdienstag im Jahre 1890 gelang es mir und meinem Freund, dem Niederreither Karl, meinen Vater zu überraschen. Der berühmte »Tellschuß« – eine alte Zirkusnummer – hat uns so gefallen, daß wir ihn zu Hause einstudierten und ihn hier zum besten gaben. Die Stammtischler bogen sich vor Lachen und waren sich gemeinsam darüber einig, daß sie noch nie einen Buben gesehen haben, der so *saudumm* schauen kann wie der Fey-Bua. – Danke!

In einem Schreibwarengeschäft kauften wir uns – mein Freund und ich – einen Telefonapparat und die dazugehörige Apparatur. Diese bestand aus zwei Pappschachteln, mit Pergamentpapier bespannt, und einer zehn Meter langen Schnur. Leitern wurden angelegt und Dächer bestiegen, um den Leitungsdraht vom Sender zum Empfänger zu legen. An einem Schraubenschlüssel beförderten wir die Leitungsschnur über den Hof. Der

Wurf fiel zu kurz aus – ein Fenster klirrte – wieder einmal! Daß ich »da rothaarige Fey-Bazi« bin, war mir nicht neu. – Nun wurden die Pappschachteln an die zwei Endstationen am Fensterstock befestigt, und nun konnte es losgehen, das Telefonieren. Entweder horchten wir beide, oder wir sprachen gleichzeitig. So geht das natürlich nicht, das war mir sofort klar, und ich übernahm die Regie. »Schorsche!« ... so schrie ich meinem Freund aus voller Kehle – ohne Telefon – zu: »Schorsche, red' Du z'erst eina, dann horch i!« Und ich horchte, hörte aber keinen Schorsche. Wieder schrie ich – ohne Leitung – hinüber: »Schorsche, red halt was nei ...!« Aber es kam wieder kein Gespräch zustande. Allmählich verlor ich die Geduld und schrie etwas unsanft zu ihm hinüber: »Schorschi! Fader Kerl! Warum sagst'n nix eina?« Schorschis drahtlose Antwort war: »I woaß ja net, was i sag'n soll!«

Mutterängste

Schon als zweijähriges Buberl begann ich mit den Jugendstreichen. Oder ist das vielleicht kein Streich, wenn man als kleiner Knirps mit Hammer und Nägel auf die elterlichen Renaissancemöbel losgeht? – Ich selbst übernahm das Kommando und schrie in bester Laune: »Hammer poch, poch« und war mir persönlich beleidigt, wenn ich statt des Nagels meine Finger erwischte. Mit großem Gebrüll tat ich meinen Schmerz kund und forderte meine geschädigte Mutter noch heraus, mich zu trösten. – Heute sage ich mir: Das ging zu weit.

Meine Mutter – genannt »Muatta« – war eine sensible und ängstliche Frau. Das hatte ich als Kind nicht einkalkuliert, sonst hätte ich wahrscheinlich nicht gar soviel angestellt. Oder? Man sagt: Ein Kind kennt keine Gefahren; das mag manches, was ich vollbrachte, entschuldigen – aber nicht alles. – Als Schreinerlehrbub verließ ich einmal während meiner Arbeitszeit die Werkstätte. Ich eilte nach Hause und läutete an der Wohnungstüre. Als Mutter öffnete, hielt ich ihr meine blut-

überströmte Hand entgegen: »Muatta! schnell . . .
i bin in d'Kreissäg' neikemma!« Meine Mutter
wurde leichenblaß und war der Ohnmacht nahe.
Da spürte ich, daß ich zu weit gegangen war.
»Aprilaff!« schrie ich und lachte aus vollem Halse,
um dem grausamen Scherz eine heitere Wendung
zu geben. Und ich klärte alles auf: »Aber Muatta,
schaug doch her – i hab' doch nur an Schwamm
in a braune Beiz' eintaucht und den Schwamm hab
i in d'Hand g'nomma und aus'drückt – dös is' doch
gar koa Bluat! Bist denn Du farbenblind! S'Bluat
is' doch net braun – dös is doch *rot*!« Mutters
Schreck löste sich in Tränen auf. Mein »Abgang« –
wie man das auf der Bühne nennen würde – war
ein recht peinlicher: »Ein Komiker, bei dem es
nichts zu lachen gab!«

Im Jahre 1897 erlebte die ganze Familie Fey
einen fürchterlichen Schrecken. Ein schweres Ge-
witter stand über der Stadt, und es donnerte und
blitzte, und Mutter meinte, es wäre doch richtiger,
die Fenster zu schließen. Vater war dagegen und
meinte: »Hast Angst? Laß nur auf. Oder glaubst
Du etwa, daß der Blitz zu uns ins Zimmer kommt?«

und lachte dazu. Aber das verging ihm »blitzschnell«, als es einen furchtbaren Schlag tat und ein
Lichtstrahl tatsächlich durch unser Zimmer raste.
Der Blitz machte eine Schleife und verschwand
wieder durchs Fenster. Wir waren alle wie gelähmt – so war uns dieser Schreck in die Glieder
gefahren. Endlich »ein Streich«, der nicht auf *mein*
Konto ging!

Zum Roßscheren nahm unser Knecht fachgemäß
eine Roßschere. Da überkam mich ein Gedanke,
den ich schnellstens in die Tat umsetzte. Ich ent-
lehnte mir dieses Kaliber und forderte einen meiner Freunde auf: »Maxl! Magst an rassigen Haar-

schnitt? Setz di hin!«, und in 15 Minuten war Maxe ein Gescherter. Die Kundschaft wuchs an. »Vale! Mach's mir aa so scheen wia an Maxe!« hieß es, denn den meisten hingen die Haare herunter wie Trauerweiden. Nach einer guten Stunde zogen alle glattgeschoren, wie junge Zuchthäusler, von dannen. Sie strahlten – sie waren ja so schön gemacht. Angelockt von den sichtbaren Erfolgen, brachte eine Mutter ihren sechsjährigen Rotzbangert mit der Bitte: »Geh, Vale, schneid' mein'm Seppe aa d'Haar mit dera Maschin'!« Des Haarschneidens müde, schlug ich der armen Frau zwar die Bitte nicht ab, schnitt sie dem Buam aber etwas anders als den andern. Dieser Seppe – Joseph Rippold, Glasermeisterssohn – wurde von mir schändlich zugerichtet. In der Kopfmitte ließ ich ihm einen Kamm stehen à la Raupenhelm und an den Ohren links und rechts zwei Büschel Haare. Mit diesem »Dummen-August-Kopf« entließ ich ihn. Ich wußte genau, was jetzt kommen mußte – Seppes Mutter. Und sie kam und tobte. Wer nicht zu sehen war, war ich. – Was blieb Mutter Rippold anderes übrig, als mit ihrem Knaben zum nächstbesten Friseur zu gehen! Und gerade diese Ausgabe wollte sie doch einsparen! Der Fachmann überblickte sofort die maschinelle Vorbehandlung der Konkurrenz und lehnte eine Weiterbehandlung strikte ab mit den Worten: »Na, na, das mach' ich nicht. Die Haare soll *der* fertig schneid'n, der ang'fangen hat!«

Unwissenheit schützt nicht vor Strafe! Ich wollte nicht wahrhaben, daß *nur* ein katholischer Geistlicher eine Tonsur tragen darf. Dieses kleine ausrasierte Platterl war doch mal was anderes! Mein Freund Emil Hager – damals dreizehn Jahre alt – wurde mein Opfer. Wir fanden es beide »gelungen« und waren uns des Unfugs nicht bewußt. Keinerlei Verständnis für die modische Knabenfrisur brachte uns unser Religionslehrer entgegen. Er sorgte sogar dafür, daß wir zwei Stunden Karzer aufgebrummt bekamen. *Zwei* Stunden für *eine* Glatze. Wo bleibt da die Gerechtigkeit?

Ein Sechser ist beim Friseur ein fester Begriff. Man kann ihn in die Stirne oder auf beiden Seiten tragen. Früher sollen sogar Offiziere, vor allem die Leutnants, Sechser getragen haben. Man denke

auch an die Frisur Napoleons! Bei »gewissen« Damen sprach man von »Herren-Winker« und meinte dabei zwei Sechser. – Ich trug ihn auch. Meine Mutter war zu gediegen, sie mochte ihn nicht und kämpfte schwer dagegen an – aber ohne Erfolg. Sie vergaß, daß ich ein Auer bin! – Aber sie ließ sich doch etwas einfallen – etwas Heimtückisches. Sie schlich nachts an mein Bett und schnitt mir – der ich fest schlief – die geliebte Locke, »meinen rothaarigen Sechser«, ab und legte ihn, schön gerollt, aufs Nachtkastl. Mein erster Griff beim Aufwachen galt *ihm*, und als ich ihn eines Morgens nicht zu fassen kriegte, wurde ich hellwach. Mein

Blick fiel auf den Nachttisch: Da lag er – einsam und von mir getrennt. Meine Wut und meine Traurigkeit war grenzenlos. Noch nie verließ ich meine Liegestätte so schnell wie an diesem Morgen. Und als Mutter von *ihrem* Schlaf erwachte, lag auch etwas auf ihrem Nachtkästchen: ein abgeschnittener Zopf!

Schulgeschichten

»Da Hager Emile«, einer meiner Spezi'n, ging in die Auerschule, ich in die Klenzeschule. Wir trafen uns früh morgens vor unserem Haus. »Emile«, ... flüsterte ich ihm zu, »hast g'hört, heit schwanz' ma d' Schui! Heut ham ma wieder Rechnen und Rechtschreib'n, dös hätt' i net vui kanti. – Woaßt was, mir reib'n uns s'G'sicht mit Mehl ei', dann schaug'n ma recht blaß aus. Nacha moant dei' Muatta und mei' Muatta, mir san krank, nacha brauch'n ma net in d'Schui geh'n. Und *nach* achte werd's uns dann wieda besser, nacha dean ma bei uns im Stall Ratz'n fanga. Mogst?« Und er mochte. Leider zog er, der Verführte, dabei den kürzeren, denn schon um 8¼ Uhr war der Schulpedell bei ihm und hätte ihn sicher ob seiner Blässe bedauert, wenn diese nicht seinen Rockkragen befallen hätte. »Wisch' Dir's Mehl aus'm G'sicht und schaug sofort, daß'd in d'Schul kommst, Lausbua, dreckata!«

rügte ihn der Schuldiener und nahm ihn mit. Er schwänzte *zu* oft die Schule, der Emile! Mir ging es halbwegs besser. Mutter pflegte mich mit Kamillentee und ließ mich schwitzen. Schön war's auch nicht, aber so habe ich wenigstens *ein* Übel mit dem *anderen* vertrieben: Ich brauchte nicht zur Schule gehen. Dem Hager Emile hat die Missetat sechs zerme Tatz'n eingetragen. Seiner Meinung nach hätten wir uns diese eigentlich teilen müssen!

76

Pause! schrillte die Schulglocke. Nie klang sie mir sonst so warm und lieblich in den Ohren. – Sie, die Pause nämlich, war es, die mich die Schulzeit ertragen ließ. Da rührte sich wenigstens was: Da wurde gestritten, gerauft, Brotzeit getäuschelt, und man sprang von Bank zu Bank. Einmal hielten wir eine Schneeballschlacht ab. Aus altem Schreibpapier drehten wir uns Kugeln. Das waren unsere Schneebälle. Ohne mein Wissen schmuggelte mir ein Mitschüler ein volles Tintenfaß in den sogenannten Schneeball. Ich warf ihn dem Krögl Georg an den Kopf. Der Georg blutete am Kopf, und ich brummte im Karzer. »Nur z'weng dem . . . o mei! Dös wenn i rausbring, wer dös war . . .!« Aber ich brachte es nicht heraus. Und von selbst meldete »er« sich nicht bei mir – der Feigling.

»Wer hat hier eine Grille dabei?« fragte der Religionslehrer, der sie zirpen hörte. Die Buben grinsten, nur ich blieb ernst; und keiner wollte es verraten. Doch da vergaß sich der Geistliche Herr und schrie: »Ich frage noch einmal: Wer hat eine Grille dabei?« Jetzt verpfiff mich mein Nebenmann – eigentlich mehr Nebenbub –: »Da Fey hat a ganze

Menagerie unter der Bank!« Die ganze Klasse brüllte los vor Lachen. Unser Vorgesetzter stieg vom Katheder herunter und besichtigte meinen Zoo. Da gab es viel zu bestaunen: eine Nassel, einen Russen, einen Broz, eine Kaulquappe, einen Heuschreck, eine Schnecke, einen Mehlwurm, eine Laus, einen Ohrenhöhler, einen Wurm und eine Habergeiß. Die Käfige waren ausgehöhlte Korken mit einem Gitter aus Stecknadeln. Einfälle muß man haben – dann macht sogar die Schule Spaß!

Die liebsten Schulfächer waren mir Singen, Zeichnen und Turnen. In der Turnschule Ecke Klenze- und Ickstattstraße waren im Turnsaal dreißig Kletterstangen aufgestellt. Ebenso viele Buben nahmen hier Aufstellung, und auf »Los!« ging's los. In 25 bis 30 Sekunden waren die besten Kletterer oben, während mancher kaum den Boden verließ. Unter den besten zehn waren der Varietébesitzerssohn Magerer und der Fey. Von uns beiden wiederum ging ich als Sieger hervor, und das war mir wichtig, denn was nützt mich – nach einem »Attentat«, daß ich jugendstreiche – die beste Berechnung, wenn ich nicht »flink« bin!

In der fünften Volksschulklasse hatte ich im Religionsunterricht folgenden Vers zu lesen: ». . . und als Maria den Gruß hörte, hüpfte ihr das Kind im Leibe.« Ich las den Text bis zu dieser Stelle. Hier hörte ich die anderen Buben kichern. Mir war auch darnach zumute, wagte es aber nicht. Offen gestanden, ich genierte mich auch, weiterzulesen, vonwegen »dem Kind im Leibe«. Dies durchschaute mit eiskaltem Blick unser Lehrer und »bat« mich sofort heraus. Er schlug mich derart, daß ich wie gelähmt in meine Schulbank fiel. Unser Religionslehrer stand am Pult als Zuschauer. Anscheinend fand er diese Strafe gerechtfertigt. Beide, der Lehrer und der fromme Mann, vergaßen dabei nur eines – daß ich ein Kind von 10 Jahren war. Ein Schulkollege mußte mich heimführen.

Diese beiden Herren hatten großes Glück, daß es meiner Mutter gelang, meinen Vater zurückzuhalten. – Damit hat sie bestimmt ein großes Unglück verhindert.

Am Platzl steht das Hofbräuhaus, und gegenüber spielte eine Dachauer Bauernkapelle »Im Platzl«. Und in diesem Hause, im vierten Stock, besuchte ich vier Jahre die »Bürgerschule«. Mit einem Professor trieben wir »Schabernack«. Als er nach Schulschluß das Haus verlassen wollte, goß es in Strömen. Noch im Hausflur öffnete er seinen Schirm. Und prompt – er war noch gar nicht im Freien – kam der Segen von oben. Ein Papierschnitzel-Regen! Und wieder einmal, wie so oft, freuten wir uns diebisch.

Im Hause unserer Bürgerschule unter unseren
Schulräumen im 2. und im 3. Stock waren Stu-
dentenverbindungen eingezogen. Ihre zerhackten
Gesichter interessierten und imponierten uns. Was
lag daher näher, als daß wir uns auch Schmisse zu-
legten. An eine Säbelmensur getrauten wir uns natürlich nicht heran – ein wahres Wunder! Dafür
aber nahmen wir gewöhnliche Nähnadeln oder
»Glufern« und zerkratzten uns damit unsere Ro-
senwangen. Das Gesicht durfte nicht verzogen
werden – man wurde ja gerade Student!

Auch eine Schulpause hat ihre freiheitliche Be-
grenzung. Dafür hatte ein Privilegierter des Herrn
Lehrer zu sorgen; ein sogenannter Musterknabe,
den die meisten der Bande nicht sehr schätzten.
Unser Klassenheiliger musterte mit Polizeiblicken

seine Untertanen. Es waren meist dieselben Namen, die die große Wandtafel schmückten: der Meier, der Huber, der Fischer und der Fey. Letzterer fehlte nie. Und wie immer bekam ich – natürlich auch die Mitschuldigen – meine Tatzen oder Überg'legte, nur weil mich der Schlawinabua, der Spitznaserte, immer aufschrieb. Und so oft ich ihm mit Prügel drohte, verpfiff er mich wieder beim Lehrer, und ich bekam dafür extra was serviert. Ich zog dabei den kürzeren und mußte mir etwas Besseres einfallen lassen. Und es fiel mir etwas ein. Allerdings mußte ich mich in Geduld fassen, denn mein »Präsent« konnte ich ihm – dem Bonzen – erst an dem Tag »verabreichen«, den man den *letzten* Schultag nannte. Ich konnte den Tag kaum erwarten, es hat sich zuviel Wut in mir aufgespeichert. – Nach dem Schlußgottesdienst, der in der St. Matthäuskirche in der Sonnenstraße abgehalten wurde, war ich weniger beim lieben Gott – als auf der Lauer. Mit Adleraugen beobachtete ich mein Opfer. Es muß Lunte gerochen haben und hielt sich schon in der Nähe des Kirchenausgangs auf. Ich auch! Nach dem »Amen« des hochwürdigen Herrn öffnete sich die Kirchenschleuse, und »mein Freund« wollte sich gerade verdrücken. Ich hatte ihn aber bereits am Kragen, und um keinen Preis der Welt hätte ich ihn losgelassen. Schon auf der Kirchentreppe bearbeitete ich ihn mit meinen Fäusten. Mein Gebetbuch flog mir in hohem Bogen voraus. Was ich ihm dabei an Liebkosungen zugeflüstert habe, war sicher nicht das Liebreichste. Ich glaube ohne Übertreibung sagen zu können: Ich schlug ihn grün und blau. Etwas muß ich noch eingestehen – so peinlich es mir ist: Die Aufregung, das lange Hinwarten und die gestaute Wut hat sich mir bereits während des Gottesdienstes aufs Gedärm verschlagen. Das ist doch wohl begreiflich. Es wäre also schon längst an der Zeit gewesen ...! Die Kirche wollte ich nicht vorzeitig verlassen – das hätte nicht gut ausgesehen – und ich hätte es mir auch nicht leisten können, »z'weg'ns eahm«. Und daß ich wegen ... na ja, deswegen eben, meinen Feind ungeschlagen lasse, das konnte ich mir selbst nicht zumuten. Erst als ich ganze Arbeit geleistet hatte, suchte ich ein kleines Kabinett auf. Leider zu spät!

Von der Feuerwehr

»Bim, bam – bim-bam – brenna tuat's!« Die ersten,
die im Spritzenhaus am Mariahilfplatz ankamen,
waren nicht die Feuerwehrleute – das waren wir,
die Auer-Buam. »Sie, bittschön, wo brennt's
denn?« fragten wir aufgeregt durcheinander. »In
der Frauenhoferstraß' hat's a Großfeia – in da
Stearinkerz'n-Fabrik Wassermann – damit's ös
genau wißt's – und jetzt geht's auf d'Seit'n –
druckt's enk – weg da!« – »Uh fein! Geht's weida!
Saus'n ma umi!« Manchmal hingen wir wie ein
Bienenschwarm am Feuerwehrauto, um ja nichts
zu versäumen. Wie leicht hätte einer – bei diesem
Tempo – vom Auto herunterfallen und dann vom
nächstfolgenden Wagen überfahren werden können. – Aber grad zünftig war's! Wann und wo es
auch brannte, wir waren dabei. In diesem Falle
mußte sich der Vater schon sein Bier selber holen!
– Einmal wäre meine enthusiastische Begeisterung

für die Feuerwehr fast zu weit gegangen. Hier muß ich einflechten, daß wir ein Möbeltransportgeschäft hatten, also auch Pferde und – ein Strohlager! – Ich stieg mit meinem Freund Oskar Vogl auf den Balkon unseres Nachbaranwesens Kothmüller. Von hier aus konnten wir bequem an unser Strohlager heran, das 200 Zentner Stroh faßte. Durch die Astlöcher des Schuppens hingen die Büschel heraus. Das war zuviel Anreiz für meine

Phantasie, und schon zückte ich das Streichholz – ich hätte unser eigenes Anwesen angezündet, wenn mich nicht der Oskar davon abgehalten hätte: »Ja spinnst denn Du!« schrie er mich an, ».... Du kannst doch net euer eigenes Haus anzünden!« *Können* hätt' ich schon, aber ich tat es dann doch nicht. Das heißt, mögen hätt' ich schon wollen – nein, nein, nicht z'weng da Versicherungssumme – nur z'weg's da Feuerwehr!!

Unser Hausarzt, Doktor Schwaiger, mit seinem Assistenzarzt – letzteren kannte ich nicht – war plötzlich bei uns zu Besuch. Doktor Schwaiger und seine Tätigkeit war mir bekannt, aber nicht sympathisch. Und so verschwand ich stillschweigend. Ich ahnte Schlimmstes: Meine Mandeln sollten heraus. Drei- oder gar viermal kamen die beiden Herren, ohne den »jungen Herrn« anzutreffen. – Wieder einmal spielte ich mit meinen Kameraden im Hof. Meine Mutter öffnete das Fenster und rief zu mir herunter: »Fohlndin« und zeigte mir einen blitzblanken Feuerwehrhelm. Am liebsten hätte ich das Stiegenhaus beiseite gelassen und wäre direkt zum Fenster hineingeflogen – vor

Glück. Aber es war nur ein »Scheinglück«, denn, als ich mit dem Helm auf dem Kopf kehrtmachte, hatte man mich schon am Wickel, und der Schlüssel wurde umgedreht. Im Wohnzimmer stand der Onkl Doktor mit seinem Kumpan, unser Fuhrknecht, da Sepp, sowie Vater und Mutter. Zum Protestieren ließ man mich gar nicht erst kommen – auch nicht zum Fliehen. Mein Vater und da Sepp beförderten mich – zwei gegen einen! – auf einen Sessel. Mutter weinte. – Ich hielt das für Krokodilstränen, denn sie gehörte ja schließlich zum feindlichen Lager. Der Arzt steckte mir eine Spange in den Mund und holte die Mandeln heraus. Meine Wut galt nicht dem Schmerz, den ich kaum wahrnahm – eben vor Wut. Nur daß man mich so überlistete – eigentlich waren es fünf gegen einen – das fand ich gemein! – Ja, ja, mit Speck fängt man Mäuse – und mit einem Feuerwehrhelm einen Buben. – Mutter setzte mir gleich nach der Operation den Helm auf den Kopf. Der Feuerwehrhelm hat das Blut und die Wut gestillt.

Als es in München noch keine städtische Straßenreinigungsgesellschaft gab, war es Vorschrift, daß jeder Hausbesitzer im Sommer seinen Teil der

Straße selbst reinigen und spritzen mußte. Das ist manchem schwergefallen, denn ein Sprengschlauch von 10–20 Meter Länge kostete immerhin 20–30 Mark. Uns Buben dagegen belastete dies weniger – im Gegenteil. Nun hatten wir zum Feuerwehrspielen einen regelrechten Feuerwehrschlauch; sogar mit einer Haspel, und die Attrappe, der ordinäre Waschstrick, ging an Mutter zurück. »Da Muatta, hast'n wieder, dein alt'n Strick. Der hat uns sowieso net paßt.« Als Dampfspritze diente uns ein kleines Handwagerl, auf dem ein ausgedienter Waschkessel stand. Aus seiner Mitte ragte ein altes Ofenrohr empor – das sollte der Kamin sein. Auch

ansonsten war fast alles vorhanden: Leitern, Helme, Trompeten; nur eines fehlte, das brennende Haus. – Wir hatten auch einen Turmwächter. Dieser Turmwächterbua hatte im Vorderhaus seinen Platz eingenommen. Hier hatte er zu »lugen«, und zwar am Speicher aus einem Dachfenster. Mit einem Hammer schlug er auf ein Stück Eisen, das an einer Schnur hing. So imitierte er die Feuerglocke. Sowie diese ertönte, rückten wir aus. In unserem Hof waren alle Vorstädte vertreten: Giesing, Haidhausen, Sendling, Schwabing. Und wenn es z.B. in Giesing brannte, fuhren wir mit unsrer Eigenkonstruktion wie verrückt 5- oder 6mal im Hof herum, um nach Giesing zu gelangen, wo es ja brannte. Eine Minute vor Eintreffen der Feuerwehr – unserer Feuerwehr – machte einer der Mitspieler das Großfeuerobjekt durch Anzünden zusammengeknüllter Papierballen kenntlich. »Tatä – tatä –«, so obwaltete der Turmwächter seines Amtes. Leitern wurden angelegt und der *echte* Feuerwehrschlauch an die *echte* Wasserleitung angeschraubt. Und wenn der Kommandant befahl: »Aufdrahn! Wasser!«, trat ich in Aktion. Ich war der Spritzer der Feuerwehr. Und *was* ich alles angespritzt habe – außer unserem Großfeuer!

Nicht minder interessierte uns die Sanitätskolonne. Bei einem Tändler – auch Trödler genannt – kauften wir uns für 20 Pfennig von Sanitätern abgelegte weißblaue Sanitätsmützen. Eine Tragbahre zimmerten wir uns selbst, und die weißen Armbinden mit rotem Kreuz mußte Mutter nähen. Die Sanitätsstation war in unserem Waschhaus etabliert – zu deutsch untergebracht. Nun hatten wir alles, nur »leider« keine Verunglückten. Imitierte Verunglückte, nein! mit Halbheiten gaben wir uns nicht zufrieden. Wenn schon, denn schon. Und es wurden Glasscherben gestreut; vor unserem Haus, an bestimmten Spielplätzen, auch auf der Wäscherwies'n. Im Gras waren die Scherben nicht gleich sichtbar, und das war gut so. Es verging kaum ein Tag, an dem sich nicht eines der Kinder den Fuß verletzte und blutete. Jedes Malheur wurde von uns mit freudiger Begeisterung wahrgenommen: Beruf ist Beruf, und man war ja schließlich Sanitäter. – Der Blutende wurde von uns auf die Tragbahre gehoben und mit Hoffmannstropfen und Mullbinden verarztet bzw. versanitätert. So geschehen in der Sanitätsstation »Waschküche«. – Und da die Sanitäter auch Leichentransporte hatten, mußte eben auch eine Totenbahre hergestellt werden. Als meine Mutter dieses grausige Möbel erblickte und ich ihr – in kindlichem Unverstand – klarzumachen versuchte: »... woaßt Muatta, jetzt braucherт'n mir *nur* noch ...« – Tote, wollte ich sagen, aber dazu ließ sie es nicht mehr kommen. Sie schnitt mir die Rede ab und erklärte mir, daß alles seine Grenzen habe und daß sie die Totenbahre nie wieder zu sehen wünsche. Ich tat sofort – ausnahmsweise –, wie mir befohlen. Und da meiner Mutter die Tränen in die Augen kamen, wußte ich, daß sie an meine zwei Brüder dachte. Sie starben innerhalb eines Monats im Alter von acht und zehn Jahren. – Leider kann ich diesem herben und makabren Jugendstreich keine heitere Wendung geben!

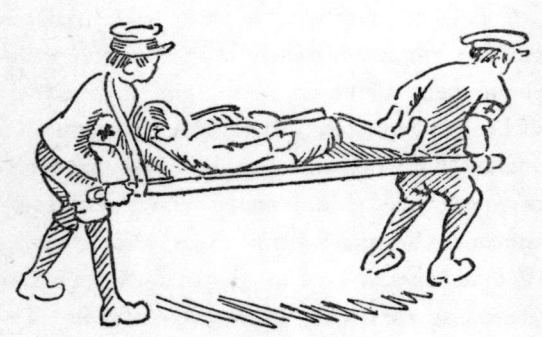

Anrüchiges

Ein großes Fest, vielleicht das größte, das die Münchner Au erlebte, wurde gefeiert. Vom Kirchturm schmetterten Trompeten in die Nacht, und aus eisernen Fackelständern, die zu Dutzenden am Mariahilfplatz aufgestellt waren, loderten goldene Flammen zum Himmel. An einer der Seitenwände der Auerkirche stand eine vielköpfige Musikkapelle mit einer großen Trommel. Diese hatte es mir angetan. Und neben dieser wollte ich unbedingt stehen: Ich wollte sie nicht nur hören, sondern auch sehen. Der Mariahilfplatz war voll von Menschen – das störte mich nicht. Nur der Platz neben der Trommel, der sollte mir gehören. Und ich verschaffte ihn mir. Ich verließ plötzlich den feierlichen Platz für ganz kurze Zeit, erledigte etwas und kam wieder zurück. Diesmal arbeitete ich allerdings mit meinen Ellenbogen, und so gelang es mir, mich durch die Menschenmasse durchzuzwängen – bis in die Nähe der großen Trommel. Hier goß ich – ganz versteckt natürlich – den Inhalt einer vollen Flasche an die Kirchenwand und wartete ab. Und schon begann ein Murmeln unter den Leuten: »Ja, was is' denn dös?« hörte ich fragen. Einige begannen zu lachen. Aber allmählich wurden die Mienen ernst – sehr ernst, man kann schon sagen böse! bitterböse! Und da wurde mir erst bewußt, was ich angerichtet hatte und daß man mich lynchen würde ob meiner »ruchlosen« Tat. »Ruchlos« ist nicht das richtige Wort, es muß »ruchvoll« heißen. Ich suchte, möglichst unauffällig, das Weite; das war mein Glück. Am anderen Tag erzählten sich die Leute, daß der ganze Mariahilfplatz eine gute Stunde, wenn nicht länger, gestunken habe. Aber wie! Und leider habe man »den Sauhund« nicht erwischt. Die Auer kochten vor Wut, und niemand erfuhr, daß der Missetäter »nur ein Knirps« war, der einen bescheidenen Platz »bei der großen Trommel« haben wollte und deshalb – und *nur* deshalb – einen Liter Schwefelammonium ausgoß, das im elterlichen Haus zur Desinfektion der Möbelwagen, gegen Ungeziefer, verwendet wurde. Eigentlich war es eine Verschwendung, wenn man bedenkt, daß man aus dieser

Menge mindestens 300 kleine Gasstückbomben herstellen hätte können. (Allerdings nur für Juxartikel!!)

Unser Vorrat an Schwefelammonium hatte es mir angetan. Im Karneval des Jahres 1899 ließen wir auch einen Wagen – einen Möbelwagen – durch Münchens Straßen fahren. Wir dekorierten ihn, stellten Tische und Stühle hinein und ein Bierfaß. Wir selbst waren maskiert als Bauern. Daran wäre nichts Besonderes. Aber wir hatten auch eine Vorrichtung im Wagen, die während der ganzen Fahrt auf Münchens Straßen Schwefelammonium hinterließ. Und so konnte man ohne Prüderie und auch ohne Übertreibung sagen: Der Wagen Num-

mer soundsoviel stank drei Stunden gegen den Wind – ein altes Sprichwort, das hier die treffendste Anwendung findet. Das Festkomité war der Meinung, daß dies kein Witz mehr sei, sondern grober Unfug. Ja und nein: Sie übersahen nämlich das Firmenschild: »Zum stinkat'n Alise«.

»Es war ein Sonntag hell und klar – ein Sonntag wirklich wunderbar.« *So* wunderbar war der Sonntag, von dem ich gerade erzählen will, auch wieder nicht, wenigstens nicht für die Gäste beim Frühschoppen in der Kothmüller-Wirtschaft. Sie waren zwar in bester Stimmung, denn das Bier floß in rauhen – besser gesagt – in »flüssigen Mengen«. Da Auer sagt: »Dö warn b'suffa.« Und laut! Und gerade das war es, was in mir einen Entschluß reifen ließ, der auch nicht alltäglich war. Ich erinnerte mich meiner Klistierspritze, zog aber kein gewöhnliches Brunnenwasser ein, sondern einen viertel Liter pures Schwefelammonium. Nun legte ich die Leiter an das Rückgebäude an, kroch aufs Dach und bespritzte die Sangeslustigen, die sich im Wirtsgarten zu wohl fühlten, mit diesem übelriechenden Saft. Ich zielte gut. Zu gut. Einen der

Gäste traf ich mitten ins Gesicht. Daß das nicht gut gehen konnte, war mir sofort klargeworden, und ich war schneller verschwunden, als ich gekommen war. In unserer Wohnung harrte ich der Dinge, die da kommen mögen. Und sie kamen. Zwar keine Dinge, sondern Personen – mindestens 30 an der Zahl. Darunter waren Fuhrleute, Maurer und Auer Lukis. Diese alle waren keine Halbstarken – das waren »Ganzstarke«. Die hatten Kräfte – wie gesagt: »Ganz-Starke«! Dagegen war ich wirklich nur ein Halb-Starker. Ich war lediglich ein »Ganz-Flinker«. Zornentbrannt nahmen sie in unserem Hof Aufstellung, und nun ging's los: »Saubande dreckate! Dös war niemand anders als der rote Fey-Bazi! A Odlwasser hat er uns auffi g'spritzt, der Bollnhund, der ausg'schamte! Holt'sn runter von da Wohnung, na daschlag'n ma'n, den Hundsbuam, den reidig'n!« – Unglückseligerweise reinigte unser Knecht, Joseph Heuberger, gerade den Stall und hatte den Deckel der Düngergrube offenstehen. »Aha! Gell, daß's a Odlwasser war!« schrie einer, und die wutschnaubende Masse fiel nun über den armen Teufel her, der, noch dazu, von meinem Attentat keine blasse Ahnung hatte. Es wär beinahe zu einer wüsten Schlägerei gekom-

men. – Offen gestanden, ich zitterte damals um mein junges Leben. Um dieses zu verteidigen, stand ich hinter unserer Wohnungstür, mit einem geladenen Armeerevolver. Ich hatte mir vorgenommen, den ersten, der herein will, niederzuschießen. Selbstverteidigung! Meine Mutter stand fassungslos und händeringend hinter mir. Auch sie wußte nicht, was vorangegangen war. Die feindliche Horde zog allmählich wieder ab. Das hatte ich nur unserem Knecht zu verdanken. »Dawisch'n wenn man dean ... seine zwoa Löffel'n reiß'n ma eahm aussi, dem Schlawinabuam, dem rothaarat'n ...« Mit dieser Drohung verschwand auch der letzte. – An diesem Nachmittag fand ein großes Fest im Volksgarten Nymphenburg statt, auf das ich mich schon die ganze Woche freute. Ich zog es aber doch vor – nicht hinzugehen – z'weng meine zwei Löffel.

Wenn es bei Vater nicht »so ging« – er litt etwas unter Darmträgheit –, verpaßte ihm Mutter Pfarrer Kneipps Wühlhubertee Stärke III. Bitterer geht's nicht mehr, aber Übel will mit Übel vertrieben werden. Schon der erste Schluck wollte nicht gelingen, und es würgte und würgte ihn. Armer Fußboden! Dieses ungewöhnliche Geräusch lockte mich herein. »Da stimmt doch etwas nicht ...!« dachte ich mir und wollte Vater behilflich sein. Leider war mir dieses nicht möglich. Als gehörsames Kind ahmte ich nach, was mir Vater vormachte. – Mutter hörte ihren armen Valentin röhren und kam eiligen Schrittes hereingestürzt. Zwei, die sich vorbeibenahmen, das war zuviel für ihren sächsischen Magen. Und sie tat dasselbe. Als vierte im Bunde erschien die Magd. Auch sie erlag dem Nachahmungstrieb des Menschen. Ein reizendes Quartett! In diesem Falle trägt die Schuld – einzig und allein – der Herr Pfarrer (Kneipp!).

Unvergeßlich bleibt mir ein Waldspaziergang in der Nähe des Isartalbahnhofes, wo ich mich mit meinem Freund, dem Pianisten Lorenz Fischer, erging. Wir atmeten tief, da Waldesluft ja ozonreich ist. Doch dem war nicht so – im Gegenteil. In tropischer Sonnenhitze ergossen sich mindestens zehn große Kisten voll von verdorbenem Limburger Käse auf den Rasen. Wie Lava aus einem feuerspeienden Berg quoll die flüssige Lett'n zwischen den Kistenbrettern hervor. Millionen von Fliegen schwirrten über der dampfenden Masse. Unvergeßlich für Aug' und Nase. Seitdem fällt es mir schwer, Limburger Käse – »an Liniburger«, wie der Münchner sagt – als Nahrungsmittel zu erachten. – Dieses pestialische Erlebnis – und ein solches war es – erzählte ich wohl auch im Freundeskreis. Und nun hat man *mir* einen Streich gespielt; es gibt scheinbar doch eine ausgleichende Gerechtigkeit! – Wo ich auch war und wo ich aufkreuzte: überall roch es nach Limburger Käse. Es war entsetzlich! Dieser Geruch – um nicht zu sagen »Gestank« – verfolgte mich tagelang. Plötzlich roch ich nicht nur »Limburger«, sondern »Lunte« – irgend jemand spielt mir übel mit, das ist mir klargeworden. Aber das Wo und Wie konnte ich noch nicht enträtseln. Eines Tages allerdings machte ich eine Feststellung: Beim Weggehen setzte ich meinen Hut auf – und schon roch es überall um mich her nach Limburger – wo ich auch war. Legte ich meinen Hut in den Schrank, verschwand mit ihm der Limburger. »Aha!! Der Hut.« – Und so war es. Zwischen Hut und Hutfutter – rundherum – hatte mir so »ein Saubazi« Limburger Käse hineingestrichen. Und das mir!

Lumpereien

In der Asamstraße »geht's um«, hieß es anno 1896
in der Au. In einer Wohnung fliegen Kohlenbrök-
kerl durchs Zimmer – und niemand war zu sehen.
Der Herr Pfarrer wurde geholt. Er mußte das
Zimmer mit Weihwasser besprengen. – Nach ein
paar Tagen klärte sich der Fall auf: Ein kleines
Mädchen hielt sie alle zum Narren. – Schade, dacht
ich bei mir, daß *mir* das nicht *zuerst* eingefallen ist.
Trotzdem machte auch ich mir diesen Mordsspaß.
An einem Sonntag bei Eintritt der Dunkelheit
waltete ich meines Spuks. Ich hängte Tassen und
Tiegel und was ich alles für geeignet hielt, an einen
feinen Faden zusammen – kreuz und quer, über
Tisch und Küchenherd. – Nun holte ich das
fromme Fräulein Florian, sie wohnte neben uns.
Als ich ihr erklärte, daß es bei uns spukt, riet sie mir,
unverzüglich den Herrn Pfarrer zu holen. – Das
tat ich nicht. Aber bei Frau Tessar läutete ich an,

die auch im Hause wohnte. Ohne zu zaudern, kam die beherzte Frau mit und meinte: »Wo spukt's? – Schmarrn! Es gibt doch gar keine Geister.« Sie betrat schneidig die Küche und verhedderte sich prompt mit ihrem Rock in den vielen Fäden. Das Geschirr wurde lebendig, und mit einem Schrei des Entsetzens verließ sie die Gespensterkammer. Auch für sie war ein Geist in der Wohnung! Und ich lachte mir ins Fäustchen – in beide Fäuste – und befreite Mutters Küchengeschirr von den Fäden – und die beiden Frauen von ihrem Geisterwahn.

Der Tapezierer H. Nehreiner, aus der Lilienstraße, der unsere Möbelwagen auspolsterte, war stolz auf seinen schönen Strohhut – aus Panama. Er legte ihn unvorsichtigerweise auf einen kleinen Handwagen, während er drinnen im Möbelwagen arbeitete. – Auf dem kleinen Wagerl lagen außer dem schönen Hut auch noch ein Packerl Tapeziernägel und ein kleiner Hammer. Was lag näher für einen Gaudibursch – und der war ich wirklich –, als den Hut auf den Wagen zu nageln. Rundherum schlug ich die Nägel – einen neben den andern –, und dann verließ ich den Tatort. Im 3. Stock des Vorderhauses lag ich auf der Lauer. Und nach langem Warten kam der Tapezierer, strich sich behaglich seinen Schnurrbart, zog seine Joppe über, griff als letztes nach seinem wunderschönen Hut. So schön ist ein Hut – ohne Rand – auch wieder nicht!

Jeden Abend um 6 Uhr mußte ich meinem Vater eine Maß Bier holen – beim Wirt »Zur goldenen Ente«. Das war bei uns so Sitte. – Doch einmal kam es anders. Ich war den ganzen Nachmittag an der schönen grünen Isar beim Fischen. Da – ich traute meinen Ohren nicht – schlug es vom Auer Kirchturm bereits 7 Uhr. Wie die Zeit vergeht! »Da Vatta wart't auf's Bier«, überkam es mich siedendheiß, und ich ging etwas schneller als gewöhnlich nach Hause. »Servus Vale!« schreit mich einer an, der einen vollen Maßkrug in der Hand hielt. Einer meiner Kameraden, der mich würdig vertrat. Es

war mir nicht ganz wohl in meiner Haut, und ich fragte den Ludwig: »Hast Du mein'm Vatta s'Bier hol'n müaß'n?« – »Freili …«, zischte er mich an, »geh' nur grad hoam, Dei' Vatta is net vui grummi!« Ich nahm dem Freund den Krug aus der Hand, tat einen kräftigen Schluck und sagte: »Sag'st mein'm Vatta – i hab' scho' 'trunka. Und ich kimm' gleich nach!« – Nun konnte ich mir ja Zeit lassen, da Vater kriagt sei' Bier – und i hab' aa scho 'trunka. Für meine damaligen Begriffe ist der Fall noch gut hinausgegangen. Meine impertinente Frechheit wurde mir erst klar, als ich meines Vaters »Meinung« darüber erfuhr. Und wieder einmal war es meine herzensgute Mutter, die mich Papa aus den Augen räumte. Erst als mein wutschnaubender Vater das Haus verließ – er mußte zum Stammtisch –, holte sie mich zurück. Mit der Wahl meiner Mutter hatte ich den Haupttreffer gezogen. Ihre Strafpredigt lautete: »Nee, ach Gottchen, nee, das war aber ooch e freches Schdiggch'n von Dir, der Babba war richdch beese uff Dich!« Am Stammtisch verwandelte sich Papas Ärgernis in ein wohlgeformtes »Bazi-Stückl«, und er erntete – wie immer – mit seinem Bua – Lachsalven. – Mit solchen Eltern kann man schon was riskieren!

In unserem Stall erschlugen wir – nach mühevoller Jagd – einen Ratzn (Ratte), fast so groß wie eine Katze. Und schon fiel mir wieder ein Lumpfenstückl ein. – Wir wickelten das tote Tier in feines weißes Seidenpapier und legten es vor unserem Haus auf den Bürgersteig. Man konnte meinen, ein Passant habe etwas verloren. Wir verdrückten uns hinter eine Hausecke und warteten ab. Es dauerte nicht lange, da hörten wir unrhythmische Schritte. Und unglückseligerweise kam als erste eine Frau mit einem Nervenleiden, dem sog. Veitstanz. (Die medizinische Bezeichnung dafür ist mir leider nicht bekannt.) Ausgerechnet *die* muß daherkommen – damit hatten wir nicht gerechnet und hätten das gerne ungeschehen gemacht. Aber es war bereits zu spät, denn sie wackelte schon freudig auf den vermeintlichen Fund zu. – Sie entfernte zittrig das weiße Seidenpapier und dann – ein Schrei – das tote Tier wurde in die Luft gewirbelt, und der Kranken verzerrte es Gesicht und Glieder. Es war ein erbarmungswürdiger Anblick, bei dem selbst uns Kinder ein Rühren überkam. Auch in einem Lausbuben schlägt ein Herz – wenn es auch mitunter recht leise tickt.

Aus purem Übermut kettete ich einmal alle unsere Möbelwagen aneinander. Und als unser Fuhrknecht am andern Morgen einspannte – nichtsahnend –, zog er anstatt eines Wagens noch vier weitere mit. Und da ein Möbelwagen nicht wie eine

Eisenbahn auf Schienen läuft, nahm jeder der Wagen seine eigene Richtung ein, und es krachte das Gebälk. Der Fahrer merkte das leider zu spät, und er überlegte: »Da Bua...!« Das war sein erster Gedanke. »...wer sunst!!«

In der Lilienstraße, am Kreuzplatzl, war der Bäkker Lang. Für die biedere Bäckermeisterin war ich ein rotes Tuch, denn so oft mich der Weg an ihrem Laden vorbeiführte, begrüßte ich sie auf meine Weise, indem ich zur offenen Ladentüre hineinschrie: »Bäckerbatzn, kannst ma's Loch auskratzn!« (Ich meinte natürlich das Nasenloch.) Dieses Angebot wiederholte ich mehrmals am Tag – und hielt es aufrecht. »Wehe, Du Saubua! Dawisch'n wenn ma di amal tean...!« Ich hielt nicht viel von Racheschwüren – im Gegenteil, sie eiferten mich nur an, und so oft es mir irgendwie möglich war, sagte ich mein Sprüchlein auf. Einmal hätte es für mich schief ausgehen können. Ich schrie wieder aus Leibeskräften das vom »Bäckerbatz'n...« und sauste wie der Wind um die Hausecke dem ehrbaren Geschäftsmann direkt mit dem Kopf in seinen Bauch. Das war nicht im Programm

vorgesehen. – Der Angepeilte war so erschrocken, daß ich ohne Prügel und Watsch'n davonkam. – Wo bleibt da die gerechte Strafe?

Zu unsrer Kinderkost zählten: Bärendreck, Süßholz, Oblatenabfall, Waffelbruch und Minzenkugeln. Äußerst beliebt waren die Gummischlangen.

Ihre Farbe war hellrosa. Man konnte sie essen – das ist klar. Und alles, was man ißt, steckt man bekanntlich unter die Nase in den Mund. Bei den Gummischlangen verhält sich das anders. Sie wurden geteilt und die beiden Enden in je ein Nasenloch gesteckt und mußten herunterbammeln, da es sich ja um eine »Rotzglocken-Imitation« handelte. So oft wir beobachtet wurden, schleckten wir sie mit der Zunge ab und schnupften laut hoch, so, als ob wir »die Imitierten« hochziehen wollten. »Ja pfui Teifi! Ös Drecksäu ... habt's denn ös koane Sacktüachln net ... pfui Teifi ...« Und, »um das Kraut fett zu machen« – wie ein Sprichwort sagt –, fraßen wir sie noch auf.

»Schwarzer Einser« – so heißt die seltenste Briefmarke von Bayern. Es waren viele Briefmarkensammler unter uns Schulbuben. Darunter auch solche, die eine komplette Bayernsammlung hatten, d.h. komplett – bis auf den schwarzen Einser. – 1894 kostete er 18.– Mark. 1932 fast 200.– Mark. Was er heute kostet, kann man erfragen. Jedenfalls war er für uns Kinder unerschwinglich. Und das war hart. Auf unserem Schulweg kamen wir an einem Zeitungskiosk vorbei. Da waren auch Briefmarken zu haben – auch der schwarze Einser. Unter jeder Marke stand ganz klein der Preis: Ein, zwei, fünf, zehn Pfennig und mehr. Unter dem Einser, dem schwarzen, war achtzehn zu lesen. Manchmal war der Zeitungshändler persönlich anwesend – mitunter aber auch eine ganz alte Frau, wahrscheinlich die Mutter. – Ich kombinierte: Die Zahl »achtzehn« war sehr klein, die Mutter war sehr alt – also wird sie wohl auch nicht mehr so gut sehen können . . . lesn! – tja . . . Und wieder stand ich vor dem Kiosk, und die alte Frau fragte nach meinem Begehren: »Ja . . . bittschön, die Briefmark'n um 18 Pfennig – krieg i – dö da!« und deutete auf den schwarzen Einser. Mein Herz klopfte. Die Alte nahm den ganzen Bogen mit den Briefmarken vom Fenster herunter, und schon hatte ich meinen Finger auf dem Preis – nicht auf der Zahl achtzehn – nur auf dem Punkt und dem Strich, der zu meinem großen Kummer hinter und nicht vor der Zahl stand. Meine achtzehn Groschen lagen schon bereit. Nun geschah etwas – damit hatte ich nicht gerechnet. Die alte Frau holte eine Riesenlupe und betrachtete damit zuerst den ansehnlichen Preis, dann meine lumpigen achtzehn

Pfennige. Ihr faltenreiches Antlitz veränderte sich.
Ob sie in mir einen jugendlichen Schwindler sah
oder ob ich ihr Mitleid heraufbeschwor, konnte
ich nicht erkennen. Jedenfalls klärte sie mich auf,
daß die Marke nicht –.18, sondern 18.– kostet, und
gab mir meine –.18 wieder zurück. Ein Einser im
Schulzeugnis ist für einen Jugendlichen eine Freude
– ein *Schwarzer* Einser im Album – wäre ein Erlebnis.

»Ein Lehrbub in einem Elektrogeschäft« – das war *der* Freund für mich! Die Ideen hatte ich, und der Schäffer Josef half sie mir ausführen. – Es wurden Glühlampen gekauft, Akkumulatoren, Induktoren und Elektrisiermaschinen gebastelt, Pulverminen in der Isar elektrisch gesprengt durch Fernzündung. Das elektrische Zeitalter war über uns hereingebrochen. – Wir machten uns – wie schon gesagt – einen großen Induktor aus Stanniolpapier, zogen feine Haardrähte von einer Messingklinke zur andern und leiteten die Drähte wieder zurück in unsre Station, die sich in meiner Werkstatt befand. Der Joseph goß an der Türe Wasser auf – vonwegen der Erdleitung. Den Kontakt bildete eine grobe Feile, welche an dem Induktor befestigt war. Den anderen Draht hatte ich in der Hand. Als Stromquelle diente ein Achtvoltakkumulator. – Und nun konnte der Spaß losgehen. Als erste kam meine Mutter mit der Einkaufstasche. Aus »purer Liebe« wurde sie verschont. Sie hatte keine Ahnung von unsrer Gaunerei und ließ die Türe offenstehen. Voller Eifer eilte ich durch den langen Hof und machte die Türe wieder zu. Diesmal war ich selbst in die Falle gegangen, da mein neuer Freund das Experiment an mir auspro-

bierte. Als ich die Messingklinke berührte, erhielt
ich mehrere elektrische Schläge – ich hatte sie mir
nicht so schlimm vorgestellt. Zu meinem Schmerz
kam die Wut hinzu, und ich wollte gerade zur Sen-
destation zurück, um dem Seppe eine zu stiern
(eine Ohrfeige verabreichen), als ich unsern Briefträger kommen sah. Das war natürlich wichtiger!
Ich blieb in Position. Da – ein Schrei – und Briefe
fielen zur Erde. Der Ahnungslose bekam in einer

Sekunde soviel elektrische Schläge, wie Rillen auf der Feile sind. Und das sind nicht wenige. Der Briefträger taumelte – wie vom Blitz getroffen – in das andre Stockwerk. – Was mochte er sich wohl gedacht haben – es war ja nicht das geringste für ihn zu sehen. Wir schlossen die Türe wieder, aber diesmal isoliert, mit einem fünffach zusammengelegten Taschentuch. – Als nächstes kam der achtjährige Tesar Fritze. Bei ihm genügten schon zehn Feilenrippen, um dem Kleinen einen markerschütternden Schrei zu entlocken. – – In unserem Springbrunnenbassin wurden sogar Frösche elektrisiert! Nichts war vor uns mehr sicher. – Der kleine Bub, der Fritzl, wurde noch einmal unser Opfer. Diesmal schmückten wir seinen Fuß mit einem kleinen Messingketterl – wir wußten warum. – »Tua amal dein Fuaß ins Wasser neu' – dös is' eiskalt – wia lang s' das aushaltst!« eiferten wir ihn an. Der Fritzl tat wie ihm befohlen, aber kaum hatte er den Fuß im Wasser, krümmte und verkrampfte er sich vor Schmerzen. Das Wasser war ja elektrisch geladen. Wir zogen ihn schleunigst heraus und konnten noch von Glück sagen, daß er noch am Leben war. – Mein elektrisch geschulter Freund hatte mir gerade noch gefehlt!

Der Taucher auf der Oktoberwiese hatte es uns
angetan! »Was der ko – kenna mir aa«; nur mit
dem kleinen Unterschied, daß wir nicht ins Wasser tauchten, sondern in unser Strohmagazin. Da
gruben wir uns hinein – abwechselnd der Hager
Emile und ich. Der Taucher bekam einen Gummischlauch in den Mund gesteckt, und der Sekun-
dant blies ihm von oben mittels eines Blasebalges
Luft zu. Und zwar so kraftvoll, daß es die Ge-
sichtsbacken nur so auf- und zublähte. – So war

das Taucherspiel gedacht, und so wurde es auch ausgeführt. Nur einmal erlaubte ich mir eine kleine Variation. Ich zog den Blasebalg aus dem Gummischlauch heraus und goß dafür Terpentin-Öl hinein. Dieses landete in Emiles Rachen. – Fünf Minuten später wurde gerauft ... weil da Emile, der fade Hund, koan Spaß versteht!

Am Samstag, nach Feierabend, machte da Moasta noch seinen Kontrollgang durch die Werkstatt. Nur wir zwei Lehrbuben waren noch anwesend: da Maurer Miche und da Fey Vale. Am Samstagvormittag mußten wir zwei dafür sorgen, daß der abgekochte Kölner-Laim in den dafür bestimmten Blechhafen geschüttet wurde, damit er abends gesulzt war und man ihn in Würfel schneiden konnte. Dies hatten wir früh morgens vergessen und erst spät am Nachmittag nachgeholt. Am Abend hatte der Leim ausgesehen – wie immer. An diesem Abend kam der Meister in Gala, schon für den Stammtisch zurechtgeschniegelt. Um sich von der Festigkeit des Leimes noch zu überzeugen, fuhr er mit der flachen Hand in den Topf. Ohne Widerstand geriet er damit auf den Boden des Leimha-

fens. »Valentin! Michael! Ihr Saububen, warum
habt ihr mir nicht gesagt, daß das Zeug noch weich
ist! – Wischt mir sofort den Baz vom Ärmel!« Mit
Holzspachteln mußten wir die zähe Schmiere von
seinem »Sonntags-Ärmel« abkratz'n – und durften
dabei nicht lachen. – Prügel wär'n uns lieber gewesen!

Mein Vater war *kein* Antialkoholiker. – Und wieder einmal hatte er einen Riesenrausch – persönlich – nach Hause gebracht. Mutter war darüber sehr betrübt, und mich packte die große Wut. Ich ging in unsern Keller und entwendete unserm Familienoberhaupt eine Flasche Zwetschgenwasser – Vaters Lieblingsmarke. Zusammen mit dem Dönzl Joseph schlürften wir diese Dreiviertelliter-Flasche leer. Und das innerhalb einer Viertelstunde. Mit einer brennenden Petroleumlampe in der Hand erreichte ich – mühselig – den ersten Stock unserer Wohnung. Hier waren meine letzten Worte:

»Was da Vatta ko, konn i a!« Dann wurde ich bewußtlos ins Bett gelegt und bin mit Hilfe des Arztes am andern Tag wieder zum Leben erwacht. – Meinem Saufspezl erging es ebenso; nur mit dem Unterschied, daß er einen weiteren Nachhauseweg hatte. Er mußte noch – per Rad – bis in die Schwanthalerhöhe.

Eine schwierige Arbeit des Schreinerhandwerks ist das Furnieren. Man nimmt dazu große, heißgemachte Zinktafeln und kann sich dabei ganz beträchtliche Brandwunden zuziehen. – Unser schwäbischer Geselle mit Namen Schlegel hatte mich zu dieser Tätigkeit auserkoren. – Das hätte er besser nicht getan! Die Zinkplatte war so heiß, daß ich sie durch die Lederhandschuhe hindurch zu spüren bekam. Ich ließ natürlich sofort los. Das brachte meinen älteren Kollegen so in Wut, daß auch er die Platte losließ; er brauchte ja diese Hand, um mir damit einen Stoß vor die Brust zu versetzen, und zwar so schonungsvoll, daß ich rücklings in die Holzspänekiste fiel. Ich kroch heraus aus der Kiste und vergaß, daß ich nur der kleine Lehrling war. Der Jähzorn übermannte mich. Ich griff nach

einem Stemmeisen und wollte es dem Gehilfen in die Brust stoßen. Im letzten Moment hielt mich ein andrer Geselle davon ab. Und wieder flog ich in hohem Bogen in dieselbe Kiste zurück. Der Erregte bearbeitete mich mit Händen und Füßen; besser gesagt: mit Fäusten und Fußtritten. Am liebsten hätte er mich umgebracht. – Beinahe hätte ich es getan!

Einmal raste ein Bretterwagen den Gasteigberg hinunter – beladen mit zwei Lehrbuben. Einer davon war ich. Wir hatten wirklich mehr Glück als Verstand, denn weder ein Fuhrwerk noch eine Straßenbahn kam uns in die Quere. Es war eine Wahnsinnsfahrt, und wir sahen den Tod vor Augen. Noch dazu fuhr der Wagen in der Gleisspur, was sein Tempo entsprechend beschleunigte. So fuhren wir vom Bürgerbräukeller bis Ende der ersten Isarbrücke, wo heute der neue Museumsbau auf der Kohleninsel steht. Das Schutzengelein hat hier ganze Arbeit geleistet!

Herzens-Lust

»Gigerl sein, das ist fein – Gigerl kann nicht jeder sein . . .«, so sang man zu meiner Jugendzeit. Viele bemühten sich darum, aber nicht jedem gelang der Chick. Mir schon – ich war ja auch ein Auer! Weite Hosen, spitze Schuhe, kurzes Sakko, Knopfstiefel, hoher Stehkragen, dicker Stock, steifer Hut mit flacher Krempe, Zickzack-Frisur . . . ist das vielleicht nichts! In dieser Kluft schlichen wir am Sonntag zur Tanzmuse zum Linksumadrahn und »zum Française«. Die Tänze, die wir hinlegten – liegen sicher noch heute dort.

Mit sechzehn Jahren hatte ich ein Liebchen, das auch sechzehn Jahre alt war. Und weil wir zusammen zweiunddreißig Lenze zählten, fühlte ich mich majorenn. Unser erstes Rendezvous fand in einem – in unserm – Möbelwagen statt. »Und

milde sang die Nachtigall ein Liedchen durch die
Nacht. Die Liebe, ja die Liebe ist eine Himmels-
macht.« Noch ehe die Nachtigall ihr schönes Lied
beendet hatte ... aber ich möchte den Höhepunkt
nicht vorwegnehmen. Der Morgen nahte – der
Hahn krähte, und unser Knecht machte den Wagen flott, d.h. er hat die Pferde vorgespannt und
fuhr hinaus zum Hof – mit uns. Die Luxusequi-
page rüttelte uns beide – nun muß es gesagt werden – aus dem Schlaf. Eine verschlafene Liebes-
nacht – das ist schon peinlich. Aber als wir zwei
das fahrende Liebesnest verließen – beide mit ge-
senktem Blick – das war noch peinlicher.

»Ich liebte einst ein Mädchen ...«, ob es das
schönste Kind vom Städtchen war, weiß ich nicht.
Jedenfalls liebte sie mich zurück. Angeblich liebte

sie mehr meinen Humor als meine Schönheit. Sie wollte lachen! Und dazu verhalf ich ihr. Sie lachte sogar in Situationen, wo andere geweint oder mir eine serviert hätten. So hatte ich ihr einmal ihren neuen Strohhut unsanft auf einen Kleiderhaken gestülpt, daß dieser – der Kleiderhaken – den Hut durchbohrte. Der Hut war ruiniert. Ihre Laune nicht. Sie lachte sich halb kaputt. Ich heiratete sie trotzdem nicht. Kurz darauf ging sie mit einem Kapellmeister durch – in die Schweiz. Ob sie dort wohl weiterlachte?

Im Keller unseres Lehrmeisters Hallhuber mußten wir Lehrbuben täglich einige Stunden Brennholz machen. Neben unserm Hause war eine gutgehende Drogerie. Manche Kundschaft marschierte an unserm Kellerfenster vorüber, d.h. sie überschritten unser eisernes Gitter. Es kam des öfteren vor, daß wir hinaufschauten durch den Rost, um nach dem Wetter zu sehen. Besonders interessierten wir uns dafür, wenn zufällig gerade das weibliche Geschlecht den Eisenteppich passierte. Da wollte jeder von uns »in den Himmel sehen«.

Früh übt sich, wer ein Musiker werden will! Mein Bühnenstudium begann bereits im Kindergarten an der Ohlmüllerstraße. Ein Maifest war geplant. Einige Wochen vorher fing man an zu proben. Außer dem Weltschlager »Ringel-Ringel-Reihen« sollten noch Instrumentalsolis zum Vortrag gelangen. Unter den cirka dreißig Kindern wurden die zehn raffiniertesten ausgesucht. Diese durften sich ihr Lieblingsinstrument selbst wählen. Da gab es eine Geige, eine Trommel, eine Pfeife, eine

Ratsche, eine Flöte, ein Glockenspiel und noch andere. Auch kleine glänzende Messingtschinellen waren darunter; die hatten es mir angetan: »Fräulein, gelln's die darf i spieln', ... bittschön!« Die Bitte wurde mir gewährt, und nun ging's erst richtig los, das Proben. Der Solist kam in die Mitte: Ich mit meinen Tschinellen. Singen mußten die anderen, die den Kreis bildeten. Sie sangen das schöne Lied:

»Es steht in unserm Kreise ein kleiner Mann,
Der hat kleine Tschinellen, seht ihn nur an.
Bitte schlag uns doch ein Lied und wir singen
                                   alle mit:

Tralalalalalalala.«

Dazu hatte der kleine Solist sein Instrument zu spielen. Das Fräulein und der Chor klatschten noch dazu. Bei den Proben ging alles wie am Schnürchen. Das Fest fand im Englischen Garten – im »Chinesischen Turm« statt. Wie gesagt: Alles klappte. Alle hatten ihre Sache gut gemacht – nur ich »moanas ich hätt' mög'n ... nicht ums verrecka!«

Der Musik blieb ich trotzdem treu und rannte hinterher, wo ich Töne hörte. – Vater machte einmal ein besonders gutes Geschäft. Das freute ihn natürlich, und darum sollten auch wir Buben unsern Spaß haben. Er kaufte uns im Spielwarengeschäft Obletter einen Haufen Instrumente: Bombardon, Trompete, Posaune, Waldhorn, Flöte, Klarinette, Tschinellen – jawohl, auch Tschinellen! Alles war aus Pappe und goldbronziert und sah täuschend echt aus. Vor jedem Geschäft in der Au wurde ein Ständchen geblasen. Wir waren selig! Leider nur kurze Zeit. Die relativ zarten Instrumente hielten unsern rauhen Umgangsformen nicht stand – sie gingen aus dem Leim – wie unsre Freude.

Mein Stimmungsbarometer hatte den Tiefpunkt erreicht. Da machte ich eine Entdeckung, und zwar auf der Auerdult, die ich mir trotzdem nicht versagte. Auf einem Verkaufsstand hing eine *richtige* Trompete – aus Messing, wohl bemerkt. Preis: drei Mark. Ich war wie hypnotisiert. »Dö muaß her!« Und heim ging's zur Mutter. Am Nachhauseweg rammte ich in meiner Hast die Leute und auch die Hausecken. »Muatta, Muatta ... gib ma ganz schnell drei Mark ... für d'Duid – da is' a Trompet'n – a echte! Muatta schnell ... sunst kauft's a andrer ... schnell!« Mutter Fey war gar nicht begeistert – sie dachte sofort an den Spektakel, und außerdem waren drei Mark viel Geld im Jahre 1890. Sie lehnte ab. – Schwer enttäuscht lief ich wieder – im gleichen Tempo zur Dult hinüber. Ich fragte die Besitzerin dieses Wunderwerks, ob ich einmal hineinblasen dürfe. »D'Muatta hat g'sagt, wenn ich blas'n kann, nacha kaft's ma's – hat's g'sagt.« Die gute Frau witterte ein Geschäft und ließ mich hineinblasen. Nicht *einen* Ton brachte ich heraus. Wieder zu Hause bei Muttern, erklärte ich – fast außer Atem: »Muatta! I hab scho a ganz Liad blas'n ... mei, dös geht ja pfundig – gib ma die drei Mark Muatta ... bittschön Muatta! Dafür brauchst ma auf Weihnacht'n nix kaffa . . .« »Nee nee, nur keene Drompede, da gäbsch an scheen Vadrus in dr ganz'n Nachbarschaft mit dem drompedilüren.« »Na Muatta, i blas ja ganz leise.« »Nee, nischt is' mit der Drompede – Du kriegst die Drompede nich und wenn Du Dich uff'n Kopp stellst.« – Wieder ging's auf die Dult: »Sie Frau, dat'n sie's um zwoa Mark a hergeb'n, die Trompet'n?« »Nein! Drei Mark kost's, wir hab'n feste Preise.« »Um zwoa Mark tat ma's d'Muatta sicha kaffa . . .« – »Wir hab'n feste Preise!« wiederholte sie. – Wieder heim zur Mutter: Absage. – Wieder zur Dult – wieder zur Mutter. So ging das hin und her. Als ich »meine Felle wegschwimmen sah«, öffnete ich die Tränenschleuse und erhoffte, auf diesem Weg ihr Herz zu rühren: »I woaß scho . . . mög'n tuast mi nimma – sunst tätst ma's scho' kaffa – da Vatta tat ma's sofort kaffa, wenn er da wär, weil mi der vui liaba mag als wia Du.« Das war zuviel für ein liebend Mutterherz. Ich hatte es wieder einmal geschafft. Mutter gab mir die drei Mark, und ich bekam meine Trompete. Alles, was Ohren hatte, brachte ich zur Verzweiflung – sogar die Hunde heulten. Aber nur vierundzwanzig Stunden, denn

schon am nächsten Tag war sie verschwunden –
für immer!

Meine Mandoline durfte ich behalten – o Wunder! Die Italiener spielten mit diesem Instrument
zur Liebsten »hinauf«. Ich hielt es anders: Ich
spielte »herunter«. Ich saß nämlich mit einer Mandoline hoch oben auf unserm Kastanienbaum und
spielte. »Mir hat's g'fall'n . . .!«

1898 eröffnete ein gewisser Strebel, genannt »Da
feit sie nix«, das erste Automatenrestaurant. Für
10 Pfennige konnte man sich hier allerlei Lecker-
bissen herausangeln. – Außer den leiblichen gab es
auch noch musikalische Genüsse. Im Nebenraum
des Automaten standen ungefähr zwanzig ver-
schiedene Musikautomaten, Orchestrions, Spiel-

dosen und elektrische Klaviere. Heute lacht man sicher darüber – zu meiner Zeit ließ das die Herzen höher schlagen. Wir Jünglinge konnten die Sonntage kaum erwarten, wo wir mit unseren »Damen« in den Automat gehen konnten. Auch hier leistete ich mir jedesmal ein kleines Lumpenstückl: Sobald ein Gast sich ein Musikstück herauswarf, steckte ich – gleichzeitig – mein Zehnerl in einen *anderen* Apparat und hatte meinen Spaß daran, wenn sich z. B. »Die schöne Meisterin« mit dem »Glühwürmchen« kreuzte. Wenn wütende Blicke töten könnten, hätte ich das Selbstbedienungsrestaurant nicht mehr lebend verlassen.

Schon in meinen Kindesadern rieselte es – das Theaterblut! Ein Möbelwagen in unserm Hof wurde zur Bühne gemacht. Sitzplätze waren außerhalb des Wagens aufgestellt. Wir spielten nichts Geringeres als Goethes »Faust«. Ich spielte die Hexe. Die Rollen wurden einem Marionettentheaterheftchen entnommen. Das Stück dauerte 12 Minuten. Mit bengaschen Zündhölzchen, die Schachtel für 5 Pfennige, erzielten wir traumhafte Beleuchtungseffekte. – Eintritt pro Person: Sperrsitz – 5 Pfennig, Erster Platz – 3 Pfennig, Galerie – einen Pfennig, Kinder und Militär vom Feldwebel abwärts – die Hälfte. – Mehr war die Vorstellung bestimmt nicht wert!

Ein Kasperltheater ist für ein Kind etwas Wundervolles, ganz gleich, ob es Zuschauer ist oder ob es selbst »Kasperltheater« spielt. – Wir bettelten uns alte Bierstopseln und aus Mutters Flickkorb alte Stoffreste und fabrizierten uns die Kasperln selbst – eigenhändig sozusagen. Ebenso das Theater. Dann gab es Gastspiele an allen Ecken und Enden der Au. Unser Publikum bog sich vor Lachen – und zahlte. Beides war uns gleich wichtig. Der Erlös wurde ehrlich verteilt – und verschleckt. – Und wenn man mich heute fragen würde, ob das damals eine herrliche Zeit war, so könnte ich nur eines sagen: Ja!

Hoftheater Falk & Fey. Heute »Freischütz«, lautete der Maueranschlag. Wir spielten tatsächlich den Freischütz nach einem Marionettenbuch. – Soweit wäre alles glatt gegangen. Auf ein Stichwort hatte ich nun einen sogenannten Feuerspeier unter der Bühne durch ein Loch zu stecken. Dies sollte in der Szene des Kugelgießens das höllische Feuer vortäuschen, welches auf dem Hexenkessel prasselt. Ich tat also, wie mir befohlen. Ein loderndes Streichholz entflammte den Zündschwamm. Zu

meinem Pech war es so dunkel unter der Bühne,
daß ich die vorgesehene Öffnung nicht fand. Das
Zeug fing trotzdem zu speien an und entwickelte
einen solchen Rauch, daß ich beinahe unter der
Bühne erstickt wäre. Es ging schon höllisch zu,
aber leider nicht *auf*, sondern *unter* der Bühne.

Ein ganz besonderer Liebling des Münchner Pu-
blikums war damals der Gesangshumorist Karl
Maxstadt. Als Vierzehnjähriger durfte ich ihn
kennenlernen, und zwar im Kolosseum. Er begei-

sterte mich derart, daß für die Schreinerei nichts mehr übrigblieb. Ich wollte unbedingt in seine Fußstapfen treten. Bei Max Hieber kaufte ich mir Karl-Maxstadt-Couplets und übte fleißig. Mit neunzehn Jahren bin ich schon in Vereinen aufgetreten. Später besuchte ich noch eine Varietéschule, die von Kapellmeister Otto Lehmann, L. Grimm und Hermann Strebel geleitet wurde. Ich wollte Varieté-Humorist werden wie Karl Maxstadt. Er war mein Vorbild! – Nach einigen Monaten bekam ich ein Engagement in Nürnberg am Va-

rieté »Zeughaus«. Hier stand ich – im Oktober 1902 – zum erstenmal auf einer richtigen Bühne. – Karl Maxstadt bezog bekanntlich Stargagen – ich damals nur 180 Mark. Ich wohnte auch nicht, wie mein Vorbild, in einem Fürstenhotelzimmer. Davon hatte ich nur geträumt. Aber ich hatte *auch* ein Dach über dem Kopf – nur ein sehr niederes: ein Dachkämmerlein mit fließendem Wasser (von der Decke!). Sämtliche Ratten und Mäuse von Nürnberg sangen mich in den Schlaf – Verzeihung, ich wollte sagen »hätten mich in den Schlaf gesungen, wenn sie statt zu nagen singen könnten«.

Später baute ich mir ein Orchestrion. Mit einem selbstkonstruierten Mechanismus betätigte ich an die 20 Musikinstrumente, die ich fast gleichzeitig spielen lassen konnte. Damit trat ich auch in Halle, im Konzerthaus »Bratwurstglöckl«, auf. – An einem Sonntag hat mich das Küchenpersonal zum Bratklopfen eingeladen. Warum sollte ich »nein« sagen? Wir standen zu fünft an einem riesigen massiven Holzklotz. Mit schweren runden Holzhämmern schlugen wir im Takte wie die Scheunendrescher auf die rohen Fleischklumpen. Das

Brat wurde zu Regensburger Würsten verarbeitet. – Ein junger Metzger aus Nürnberg – zweiundzwanzig Jahre alt – machte das alle Tage. Meistens war der Bursche besoffen. Ich sah hier etwas, was ich lieber nicht gesehen hätte. In seinem »Suri« (Rausch!) störte es ihn nicht im geringsten, die herumgespritzten Fleischteile mit dem Finger von der Wand abzuschaben und sie in die Bratmasse zurückzuschleudern. Das Schlachthaus war ein altes Kellergewölbe, an dessen Wänden Dutzende langer, schleimiger Weinbergschnecken klebten. Pfui Teifi! Selbst mit geringer Kombinationsgabe kann man sich hier allerhand vorstellen. Dieses Erlebnis hätte mich beinahe zum Vegetarier gemacht – aber nur beinahe!

Recorde

Flamingoähnliche Gestalten stolzierten im rechten Nebenarm der Isar: wir Buben auf Stelzen. Man konnte jederzeit abspringen. Einmal konnte ich es allerdings nicht, da hatte ich mir die Beine an den Hölzern festgebunden und stürzte damit direkt auf meine Waffel. Einmal bin ich damit im Wasser gelandet – das war auch nicht sehr schön, aber a Gaudi. Unser Knecht bastelte mir dann noch höhere Stelzen. Die waren 5–6 Meter hoch, so daß ich vom ersten Stock aus hätte weggehen müssen. Ich war auch startbereit – sah in die Tiefe, und aus war's: »Moanst i hätt' mi traut – net ums verrecka!«

Über eine Brücke zu gehen ist etwas Alltägliches. Was ich mir einmal leistete, ist etwas Ungewöhnliches: Ich überquerte *das Geländer* der Wittels-

bacher Brücke – bei Hochwasser! – Statt der langen Stange, wie sie die Seiltänzer zum Balancieren benötigen, nahm ich in jede Hand einen Schulranzen. – Eigentlich kann man hier gar nicht mehr von Rekord sprechen, denn sicher hat das »in dieser Aufmachung« noch kein Schulbub vor mir getan und wird mich wohl auch keiner mehr überbieten. Hoffentlich!

Sport ist gesund – heißt es. Wir veranstalteten an einem Samstagnachmittag ein großes Reifenrennen. Ich weiß nicht mehr, wie lange wir gelaufen sind von München-Au nach Siebenbrunn bei Harlaching. Ich erinnere mich nur noch an die Preisverteilung: 1. Preis – ein Taschenmesser, 2. Preis – zehn Elefanten-Zigaretten und 3. Preis – für dreißig Pfennig Minzenkugeln. – Wir kamen völlig

derdepft an. Ein richtiger Sportler muß was aushalten!

1895 gab's in München viele Radrennbahnen.
Eine war im Volksgarten Nymphenburg, eine in
Perlach, eine am Schyrenplatz in Giesing und eine
– glaube ich – in Milbertshofen. Fast jeden Sonntag
wurden da »Veloziped-Rennen« abgehalten. Wir
hatten auch namhafte Rennfahrer: den Rabel
Toni, den Fischer, den Rucker, den Schildberger
Hans, den Oberberger, den Opel (jetzt Direktor
der Opel-Autowerke). Wir himmelten sie genauso an wie die heutige Jugend ihre Fußball-
götter. Und wer ein Radl hatte, trainierte, und

zwar heimlich auf der Rennbahn am Schyrenplatz, der infolge Bankrotts offenstand. Hier renn-
radelten wir, und es war wie ein Wunder, daß wir
uns nicht alle die galoppierende Schwindsucht hol-
ten – so galoppierten wir per Radl!

Hier wird marschiert

Lange Stiefel – Kanonenstiefel – waren 1890 groß
in Mode. – An einem Sonntag ging ein großer
Schützenzug vom Bavariakeller nach Steinhausen.
Da war ich vorgemerkt als »Taferlbub«. Dazu bekam ich Kanonenstiefel angefertigt – Stiefel mit
Lackrohr und Zugharmonika-Knöchelgelenken.
Es war aufregend! Für Samstag waren sie mir vom
Meister versprochen. Früh morgens war mein erster Weg in die Schusterwerkstätte. »Naa, Bua ...
da san no net fertig – aber Du kriagst' as scho ...«
Ich mußte abziehen – ohne Stiefel. Nach dem
Essen war ich schon wieder zur Stelle: »Sie bittschön, san meine Stiefel jetzt fertig ...?« fragte ich
mit flehendem Blick. – »Na Bua, aber Du kriagst'
as scho!« Und wieder mußte ich ohne Stiefel
nach Hause. Ich litt Tantalusqualen, und die Zeit-
abstände, in denen ich beim Schuster aufkreuzte,
wurden immer kürzer. Nun begann ich, den ar-

men rotbärtigen Handwerksmann zu drangsalie-
ren. Er arbeitete in einem Tempo, daß ihm der
Schweiß auf der Stirne stand. Und er hatte es geschafft, abends um neun Uhr: Die Stiefel waren
fertig – er war fertig (mit den Nerven) und auch
ich Knirps. Aber an dem bewußten Sonntag marschierte ich mit meinen Prunkstiefeln und mit dem
Taferl »Schützenbund Rosenheim« durch die Straßen Münchens, und »keiner war mir gleich«. Ich
war davon überzeugt, daß sämtliche Passanten nur
»meine Stiefel« bestaunten. Dieses Glücksgefühl
werde ich nie vergessen! In der Nacht vom Samstag auf Sonntag habe ich in meinem Bett geschla-
fen – aber gestiefelt, »kanonengestiefelt«!

»Wer will unter die Soldaten – der muß haben ein Gewehr. Das muß er mit Pulver laden – und mit einer Kugel schwer.« Ich muß offen gestehen, daß mich als Bub das Militär restlos in seinen Bann zog und daß ich manchen Sonntag, wenn die Wachparade durch die Straßen zog, mit Begeisterung neben der Musikkapelle hergelaufen bin. – Und heute noch gefällt mir ein schneidiger Militärmarsch. Was mir gar nicht gefällt, sind »das Gewehr und die Kugeln«. Aber das ist wohl »vater-

ländische Geschmacksache«. Und ich bin leider furchtbar heikel.

»Achtung! Präsentiert das Gewehr!« – Wir Kinder haben es ja oft genug gesehen und gehört in der alten Hofgartenkaserne, wo jetzt das Kriegerdenkmal steht. Wozu gibt es denn ein Christkindl! Es mußte uns ausstaffieren mit Säbel und Gewehr, mit Trommel und Trompete. Und »wie die Alten sungen, so zwitschern auch die Jungen«! Bei uns wurde jedes »KV« geschrieben. Wir

brauchten keine Kanone von Krupp – dazu hätten wohl unsre Ersparnisse nicht ausgereicht – wir nahmen ein altes Ofenrohr. Das Waschhaus diente uns als Militärschwimmschule, und die Rekruten mußten unter die eiskalte Brause – ob sie wollten oder nicht: Befehlsverweigerung gab es nicht. Dann wurde exerziert. – So spielten wir bis zu unserem 15. Lebensjahr. Dann kamen fünf Jahre Pause – und dann »ging's weiter«. Nur war's dann kein Spaß mehr – d. h. nicht für alle! Ich jedenfalls bin »KV« geblieben (nein, geworden!): nämlich K. V. –: K=arl V=alentin.

Nachwort

So war er – mein Vater, Valentin Ludwig Fey, genannt Karl Valentin. Verglichen mit der heutigen Jugend, mit »de Lausbuam« und »den Lausebengels« aus meiner näheren und weiteren Umgebung, kann ich nur sagen: Dem kleinen Valentin ist wenigstens etwas eingefallen. Er hatte Phantasie, war aufgeschlossen für alles, was ihm neu war, und wagte sich bis an die äußersten Grenzen des Zulässigen – und, zugegeben, noch darüber hinaus. Er hatte schon als Kind den Schalk im Nacken.

Vater war immer der Meinung, daß ein »Hundsbua«, wie er einer war, schon a Büachl wert wär. »I schreib halt alles z'samm', was ma so einfallt – was i ang'stellt hab' – und nacha wär's halt schön, wenn dös a guata Schriftsteller in d'Hand nehma tat.« Ich gebe zu, daß ich mich an diese Aufgabe bestimmt nicht herangewagt hätte, wenn ich nicht dazu herausgefordert worden wäre. Vom Verlag. Na bitte!

Ich möchte in meiner *Nach*bemerkung eine *Vor*bemerkung meines Vaters wiedergeben, die er selbst seinen Jugendstreichen voranschicken wollte. »Auf vieles Anraten meiner Freunde und Bekannten...«, so schrieb er, »... habe ich mich entschlossen, meine mir noch in Erinnerung gebliebenen Erlebnisse aus meiner Jugend-, Jünglings- und Manneszeit in diesem Büchlein zu sammeln. Um das nicht nur zu letterisieren, hat mir mein Freund Ludwig Greiner kleine Bilder dazu gezeichnet, die ich ihm selbst diktierte.« In diesem Büchl geht es allerdings nur um »den Knaben« Valentin. Aber ich verspreche, daß ich den Lesern seine Viechereien aus der Jünglings- und Manneszeit – wie Vater zu sagen pflegte – nicht vorenthalten werde. Aber bitte eines nach dem andern.

Bertl Valentin-Böheim

Piper-Präsent 🌸

In dieser Reihe erschienen bisher

Stefan Andres · Die Liebesschaukel
Honoré de Balzac · Die schöne Imperia
Der heitere Beethoven · Eine Briefauswahl
Bungter & Frorath · Limerick teutsch
Romain Gary · Lady L.
Eine kleine Lachmusik · Musikeranekdoten
Otto Heinrich Kühner · Pummerer
Anne Morrow Lindbergh · Muscheln in meiner Hand
Theo Lingen · Ich bewundere . . .
Hisako Matsubara · Blick aus Mandelaugen
Hisako Matsubara's kleine Weltausstellung
Christian Morgenstern · Die Versammlung der Nägel
Leo Slezak · Mein Lebensmärchen
Alexander Spoerl · Ein unbegabter Liebhaber
Spoerl · Memoiren eines mittelmäßigen Schülers
Heinrich Spoerl · Man kann ruhig darüber sprechen
Ludwig Thoma · Jozef Filsers Briefwexel
Ludwig Thoma · Lausbubengeschichten
Ludwig Thoma · Tante Frieda
Claude Villaret · Die Nichten des Kardinals
Louise de Vilmorin · Madame de . . .
Olaf Gulbransson · Idyllen und Katastrophen
Ernst Heimeran · Himmelblaues Stümperle
Karl Valentin · Der Feuerwehrtrompeter

R. Piper & Co. Verlag, München

Bertl Valentin
„Du bleibst da,
und zwar sofort!"

Mein Vater Karl Valentin. Mit 58 Fotos auf Tafeln und 4 Abbildungen im Text. 177 Seiten. Leinen

„Das Buch stimmt fröhlich und zugleich traurig – insofern schon eine Valentinade. Die Fotos sind ein Geschenk! Herrlich komisch und erinnerungsträchtig . . . "

Welt am Sonntag

„Bertl Valentin schildert den Familienvater, nicht den Valentin auf der Bühne, sondern den Valentin zu Hause. Hier steht das Anekdotische im Vordergrund. Eine locker erzählte Biographie, in der dankenswerterweise auch viele Bekannte des „deutschen Chaplin" zu Worte kommen."

Frankfurter Allgemeine Zeitung

Karl Valentin's
Gesammelte Werke

Mit 28 Abbildungen. Mit einer Erinnerung
von Ernst Buschor ›Museumsdirektor Karl
Valentin‹ und einem Essay von Kurt Tuch-
olsky ›Der Linksdenker‹. 61. Tsd.
Piper-Sonderausgabe. 431 Seiten. Leinen

Sturzflüge im Zuschauerraum
Der gesammelten Werke anderer Teil
Hrsg. von Michael Schulte. Mit 23 Fotos auf Tafeln.
Mit 22 Abbildungen. 309 Seiten. Leinen

›Valentins Gesammelte Werke gefallen als eines
der wenigen Beispiele dafür, daß auch deutscher
Humor aufsteigen kann aus dem Provinziellen,
in Höhen, die nun freilich auch keine Landes-
grenzen mehr gelten lassen, in ein Reich, wo es
einfach nur noch jenen Humor gibt, der die
Traurigkeit überwindet durch das Menschen-
mögliche.‹ *Die Zeit*, Hamburg